都市异乡人

王振良　张元卿　｜主编

听歌想影
戏痴张厚载避祸津门

倪斯霆　著

山东画报出版社

济南

图书在版编目（CIP）数据

听歌想影：戏痴张厚载避祸津门 / 倪斯霆著.
济南：山东画报出版社，2025. 4. --（都市异乡人 /
王振良，张元卿主编）. -- ISBN 978-7-5474-5251-6

Ⅰ. K825.6

中国国家版本馆CIP数据核字第20255CB693号

TINGGE XIANGYING: XICHI ZHANG HOUZAI BIHUO JINMEN

听歌想影：戏痴张厚载避祸津门

倪斯霆　著

责任编辑　张　欢
装帧设计　王　芳

出 版 人　张晓东
主管单位　山东出版传媒股份有限公司
出版发行　山东画报出版社
　　　　　社　　址　济南市市中区舜耕路517号　邮编 250003
　　　　　电　　话　总编室（0531）82098472
　　　　　　　　　　市场部（0531）82098479
　　　　　网　　址　http://www.hbcbs.com.cn
　　　　　电子信箱　hbcb@sdpress.com.cn
印　　刷　山东临沂新华印刷物流集团有限责任公司
规　　格　130毫米×185毫米　32开
　　　　　8印张　135千字
版　　次　2025年4月第1版
印　　次　2025年4月第1次印刷
书　　号　ISBN 978-7-5474-5251-6
定　　价　48.00元

如有印装质量问题，请与出版社总编室联系更换。

总　序

　　国人安土重迁，然为求生存发展，"异乡为异客"固属常态。随着社会分工的细化，城乡二元结构产生。除兵燹、瘟疫等特殊时期，城市人口会向乡村疏散，大趋势则是人口向城市集中，包括不同城市间的人口播迁。

　　一座城市或都市，会不断有"异乡人"汇入。这些异乡人，无论个体还是群体，都将给城市带来"异文化"，首先是风俗的和空间的，然后是历史的和文化的。而异文化来到城市，会与本土文化融合，最终衍为城市的有机组成部分。异文化无时无刻不在汇入城市，融入城市，潜移默化地改变着城市面容。研究这种改变，对认识城市的历史和规划城市的未来，都有着特别意义。

　　所有城市人其实都是异乡人，区别仅是进入这座城市早晚而已。这套"都市异乡人"丛书，站在都市角度，观照来到城市的个体或群体，讲述他们与城市的故事。在个体或群体融入城市过程中，有时表面波澜不惊，但文化的排斥乃至碰撞无可避免，不过最终结果只有融入。此种融入看似泯灭了个体或群体特性，但其基因已在这座城市传播开来。寻找这些基因，解析这些基因，可更好地认识一座城市的文化品格及其缘起，为把控其发展方向提供历史、文化的参照。希望每座城市都能善待本土文化，也善待作为风俗、空间的"异文化"，让它们在城市中自然延续。

　　我们关注"都市异乡人"——目标是微观史观照，方法是田野式考察，手段则是故事化讲述。要想实现这些，其实是个难题，但我们期待不断迫近它！

王振良　张元卿

2023年6月14日

写在前面的话

在民国时期天津文坛上，作为三次"避难"津门的"异乡人"，张厚载是个既多产又有"故事"的人物。翻阅1949年以前的沽上大小报刊，他以"镠子""聊公""聊止"等笔名撰写的剧评、随笔，随处可见。而这些文字所显现出的他对中国戏曲的熟稔和痴迷，更是令人钦佩与慨叹。然而其文如此，其人却不事张扬。据沽上名报人吴云心回忆，他为人憨厚且处世低调。其实，这是他早年经历复杂，曾罹祸"大案"使然。

毋庸讳言，作为今天还能让文史学家关注并受到戏曲界肯定的历史人物，张厚载一生最为"闪光"的时刻，便是"五四"前夕在北京大学的那段"倒霉"时光。尽管对他而言，这是一段痛苦的记忆，以至他在后来的诗文中曾有"提起当年泪不干，光阴一去不复还"之句。可是当年对他进行"管束"和与他"论战"的对手实在过于强大，甚至是显赫。那时不但在这些叱咤风云者的激昂文字中，曾多次出现他这个被找来"做文章的材料"（胡适语）者的名字，而且他与他们之间的论辩文字，还被白纸黑字地印在了"五四"前后最有影响力的新文化刊物《新青年》上。

因此，今天的人们在论述百余年前发生在北京大学的那场新旧文化碰撞时，他便成了绕不过去的"反面"典型，想不出名都不成。虽然当年他仅仅是以反衬新文化精英的面目出现，但正是因为有了这种"反衬"，以"五四"为标志的新文化运动方才形成强大的气场和恢宏的场域。正是有感于此，我们今天便不应忽视他的存在。因为百年之后回望"五四"，后人理应拥有这样的理性和从容。

然而让人遗憾的是，人们面对的，却是尴尬与无奈。

一方面，被视为旧文化卫道者的"符号"之一，张厚载在"五四"前夕的言论和作为，不但曾被当时的对手反复渲染并加以驳斥，而且还被此后的研究者不断丰富并具体化，甚至时至今日已被演绎成文艺作品中的"故事"（电视剧《觉醒年代》中的反面人物张丰载，便是以他为原型）。

另一方面，关于他同新文化运动风云人物"论战"之前和被北京大学开除之后的情况，却是由于鲜被论及而呈现模糊不清的面貌。以至于当我们今天欲为其一生做个总结时，令人大伤脑筋者，便是其生平史料的难以寻觅。除在他生前所写看戏"观后感"中，曾有些许语焉不详的过往记述外，再有的，也仅是几篇片段性的个人忆旧及友朋回忆。也正因此，本书在涉及其早年生活与学习状况时，出现更多的便是在考证基础上的史实推测。

最后补充一点，民国时期张厚载的唯一著作《听歌想影录》出版于天津，故此用"听歌想影：戏痴张厚载避祸津门"命名本书，不亦宜乎？

目 录

身家谜团

　　尽管张厚载的生平至今残缺不全，但从目前可见史料看，其为清末民初桐城派古文大家林纾的入门弟子，则是无疑。因为早在1919年"五四"前夕，他在写给北京大学校长蔡元培的私信中，便承认"林先生系生在中学校时之教师，与生有师生之谊"。

　　师生关系如此确凿，可是他在成为林纾弟子之前的身家史料，目前却是所见甚微。见于世间者，仅知他字采人，号蠡子，出生于1895年或1897年。关于其原籍也有两说，一为江苏青浦（今属上海），一为浙江淳安。早年随父母迁居北京，幼时家庭条件优越，受过系统的旧学训练，曾入林纾任汉文总教习的五城中学堂学习，后对林纾执弟子礼。此外，他少时痴迷中国传统戏曲，十七岁便写剧评刊于媒体，曾被时人称为中国"最小剧评家"和民国"第一剧评家"。此外，便再无其他。至于其家族和父辈情况，截至目前，更是扑朔迷离，难见清晰史料。

因此，若要追溯他的少年行止和家族以往，便只能从尘封已久的旧报旧刊和旧书中去寻觅答案了。尽管得到的仅是些支离破碎的只言片语，然而据此还是多少能够还原出一些其少年经历和父辈往事。

现今出版物中，凡涉及张厚载籍贯者，大多持"江苏青浦（今属上海）"之说。目前可知此说最早出现于1951年3月23日的上海《亦报》，在署名"余苍"者所撰的《林纾与张厚载》一文中，有"张厚载，即二十几年前以写旧剧批评得名的张豂子，江苏青浦人"的记载。因青浦1949年后曾划归江苏，1958年方并入上海，故"（今属上海）"实乃后人所添。此外，1982年郑逸梅在《回忆剧评家张聊止》一文中亦称，"他是江苏青浦人，名厚载，号豂子，后改为聊止"。郑逸梅与张厚载相识，其说应该有一定根据。

自此两说之后，人们在涉及张厚载的著述中，便基本秉承其籍贯为"江苏青浦（今属上海）"之说。即使到了2022年初，新出版的戏曲专著《君子如党：梅兰芳与"梅党"》，在介绍张厚载时，仍写为："张厚载（1895—1955），字采人，号豂子、豂公，别署养拙轩主，笔名聊止，江苏青浦（今属上海市）人，近代戏曲评论家。"

与此说相异者亦有，但仅是"一家之言"。1999年出版的《中国戏曲志·北京卷》中，在张厚载条目下，则写有："张聊公（1895—1955），戏剧评论家。原名张厚载，笔名聊止、张豂子。浙江淳安人。一说江苏青浦（今属上海）人。"此书将"浙江淳安"标为张厚载籍贯的正说，而将"江苏青浦（今属上海）"仅列为"一说"，也是有其依据，那便是在1941年天津书局付梓的张厚载剧评集《听歌想影录》中，其"自序"署名时，有"青谿张豂公序于津门之养拙轩"的记录。同时，在全书开篇的作者署名中，用的也是"青谿张豂公"。

按《辞海》解释，"谿"乃"溪"的异体字。"青谿"亦为"青溪"，其为"古县名。唐永贞元年（805）因避宪宗李纯讳改还淳县置。治所在今浙江淳安西淳城镇。北宋宣和二年（1120）方腊起义于此。次年，起义军被镇压，改名淳化。南宋绍兴初又改名淳安。该县位于浙江省西部，毗邻安徽省，今隶属杭州市。其县名除青溪、还淳、淳化、淳安外，历史上还有始新、新安、雉山之称。此地自古民风淳朴，大明清官海瑞曾主其政。

此外，与"浙江淳安"相近者，还有一例。那便是《吴云心文集》中的记载："张聊公又名聊止，原名张厚载，笔名谬子，聊止其谐音。浙江人。"作为与张厚载相知相交二十余年的文友，吴氏之说乃是他对老朋友真实了解所然，绝非道听途说、人云亦云之言。他称"浙江"而非"浙江淳安"，也正是基于知多少或者记得多少便说多少的审慎态度，因此其言可信。

通过以上辨析可知，张厚载的籍贯应为"浙江淳安"。对此的进一步认定，则来自他的别号"谬子"，此号和其原籍"青谿"，可谓意同。

1951年3月28日，张厚载友人张柳絮曾在上海《亦报》发表《记张谬子近况》一文，据其言："'谬'字读如聊，意指'深谷'。此字极陌生，不在现代习用字之列，拿到他名片的人，大都要窘一窘。"而"谿（溪）"字本身就有"山里的小河沟"之意。

张厚载为自己取了一个"不在现代习用字之列"的

"嫪"字做别号，其本意并不是想让人"窘一窘"，而是乡梓之情使然。因为故乡淳安原名"青豁"中的"豁"字有"山谷"之意，那么他也为自己取了个有"深谷"之意的"嫪"字做别名，便也就不足为怪了。

至于"江苏青浦（今属上海）"一说，则有可能是其父出仕后曾在青浦为宦或者其本人曾在青浦生活过的缘故。对此，下文有解。

关于张厚载的出生年代，目前可以肯定是1895年，而不是1897年。这从他的自述中可以得到证实。

张厚载十五岁（虚岁）时照片

　　1927年7月6日，天津《北洋画报》发表了张厚载的《集戏词自题十八年前小影》短诗，随诗一同刊出的，还有他自标15岁（应为虚岁，旧时人们均以虚岁相称）时的一张照片。早于1927年"十八年"的照片，应为1909年所拍，而拍照片时他年方十五（虚岁），据此计算，张厚载的出生年代便为1895年。支持此说的，还有他刊于1939年11月29日《新天津画报》上的《津门偶忆》，据其回忆，宣统三年他初来津门，"时年十七"。宣统三年即1911年，这一年他自称17岁（应为虚岁），那么他的生年是1895年，则是确凿无疑的了。

　　在弄清楚了张厚载的籍贯和生年后，我们再考证一下他的家族和父辈情况。

　　可以说，关于张厚载家族的情况，目前各种媒体均无披露。关于其父，眼下也仅见1926年12月29日天津《北洋画报》上的一则"病逝"消息。据这篇署名"松公"者所撰《记张宅开吊》记述：

　　　　张镠子君以父丧在京寓开吊。是日余充招待之职，略记所见，以当报告。镠子之尊人颉钱先生，久官蒙藏院，因欠俸逾万金，抑郁以终，故各方面所赠挽联，多寄悲愤之意。缪子从前常与伶界往来，故梅兰芳、程艳秋、尚小云、白牡丹等，均送花圈，颇极动人。高庆奎亦送挽联一付，不知何人为捉刀。此外蒙人有贡桑诺尔布、那彦图等所赠挽联，外交界有顾维钧花圈，亦杂入梅、程诸花圈中，颜惠庆送一幛，夏仁虎、胡若愚、孙润宇、陶履谦等，均有挽联，文学界以姚华及郭则沄、许宝蘅诸联最佳，本报主笔笔公、二板诸公，亦有挽幛，颇极一时之盛。是日大风，气候严寒，吊客政界有孙润宇、陶履谦等。伶界有程艳秋、郭效青等。庭中有喇嘛与和尚讽经。三教九流，无所不备矣。

这便是目前仅见的有关张厚载父辈的信息，后人在谈及相关内容时，均据其演绎成文。然而从这些文字中，我们至少可以得到其家庭信息如下：

一、张厚载家族乃书香门第，诗书传家；二、张厚载之父名叫张颉辌；三、张氏父子均钟爱传统文化，不光是张厚载给自己起了一个"不在现代习用字之列"的"缪"字做别号，其父名字中也有一个让人"窘一窘"的"辌"字；四、张厚载之父张颉辌曾在蒙藏院长年为官；五、张厚载家庭经济条件曾经宽裕，属于中产阶级；
六、张厚载之父因蒙藏院欠薪甚巨，于1926年底抑郁
而终；七、张厚载在1926年底，已与"四大名旦"等名
伶交谊甚厚；八、张氏父子交游甚广，张颉篯葬礼上，
三教九流"无所不备"。

除以上八条信息外，我们还可知晓，张厚载父亲故去
后，不但"民国第一外交家"顾维钧、曾任黎元洪政府国
务总理兼外交总长的颜惠庆、曾任徐世昌政府代国务院秘
书长的郭则沄、曾任北洋政府代理总长和国务院秘书长的
夏仁虎、曾任北洋政府总统府秘书的许宝蘅、曾任北京女
子师范大学校长的姚华、时任云南省务委员会主席并即将
出任国民革命军第三十九军军长的胡若愚、时任北洋政府
国务院法制局局长兼国务院秘书长的孙润宇、时任外交部
参事的陶履谦、时任北洋政府蒙藏院总裁的贡桑诺尔布、
以及成吉思汗第二十七代子孙那彦图等，均有挽联悼念，
而且孙润宇、陶履谦等政界人物还亲临张府吊唁，可见张
颉篯出身不凡和曾任及时任官职均不低。

蒙藏院为北洋政府时期专事管理蒙藏等少数民族事务
的一个中央机构，前身是清光绪三十二年（1906）设立的
专门管理蒙古等少数民族的理藩部。进入民国后，1912年

5月，理藩部改制为隶属民国政府内务部的蒙藏事务处，由总办、帮办各1人主持处务。同年7月改为蒙藏事务局，直属国务总理，设总裁、副总裁各1人，主持局务。另设参事2人，掌拟法律命令等事务；秘书2人，掌理机要事务；佥事8人，分掌局务；主事12人，辅助佥事分掌局务及翻译事务；执事官4人，掌接待及传译语言事务。

1914年5月，蒙藏事务局改制为蒙藏院，直隶于大总统，管理蒙藏事务，仍设总裁、副总裁各1人，院内分置总务、秘书2厅和2司负责具体政务。其中总务厅设参事2人、编纂4人，分设编纂、统计、文牍、会计、出纳、庶务6科；秘书厅设秘书2人，分设机要、翻译、承值3科；第一、二司，均设司长1人，佥事6人，主事12人。1928年6月，国民革命军攻入北京，同年7月11日，将蒙藏院改制为蒙藏委员会，隶属南京国民政府行政院。

前文已述，作为长年任职蒙藏院、家庭经济条件曾经宽裕，而且死后仍享哀荣的官员，张厚载之父张颉箴应该出身不凡且职务不低。但其到底何等根基、依据何等业绩，又是何年进入蒙藏院，以及在院中担任以上所列何等职务，目前仍尚无确切信息。对此，我们只能从相关史料中去发现蛛丝马迹并加以稽考。

还是在1941年出版的那本张厚载的剧评集《听歌想影录》中，首页刊有当时寓居津门的宿儒金梁的题字，其在背面的《〈听歌想影录〉题》中，开篇便云"张君聊公，吾年家子"。"年家"乃科举时代同榜登科者的互称，其子女便被称作"年家子"。如李鸿章的父亲李文安和曾国藩乃同年进士，彼此便互称"年家"，而李鸿章23岁则以"年家子"的身份进入曾国藩帐下，由此仕途腾飞。金梁既称张厚载为"年家子"，那张厚载的父亲张颉镱，在科举时代与金梁同榜登科，则是无疑。

金梁生于1878年，号息侯，又号小肃，晚号瓜圃老人，浙江杭县（今杭州）人，为满洲正白旗瓜尔佳氏。清光绪辛丑年（1901）举人，甲辰（1904）科进士。曾入京被授内阁中书，历任京师大学堂提调、内城警厅知事。进入民国后为民政部参议，后外派奉天（今沈阳）任职。九一八事变后因不事伪职而移居天津做寓公，为沽上著名文人社团"城南诗社"发起人之一，并因此与他的"年家子"、后来亦寓居天津的张厚载稔熟。至于他和张厚载的父亲是同年举人还是同年进士，因张厚载之父科举用的不是"张颉镱"之名，故在这两榜之内难以确认。颉镱是张厚载父亲之名还是号或者别署，目前仍难以确定。

但从后来的结果看，张颉锾与同是浙江人的金梁为清光绪甲辰（1904）科进士的可能性更大。因为金梁进士及第后便入京为仕，那张颉锾殿试中榜后，进京授职也应是情理之中的惯例。只是不知官至几品、最初任职何方。对此，还是需要推理般的猜测：

我们已知张颉锾就职的蒙藏院挂牌于1914年，1928年便被蒙藏委员会所取代，那"久官蒙藏院"的他，在1914年之前便已进入了晚清的理藩部或民国政府的蒙藏事务处、蒙藏事务局，也是有可能的。既然其家庭经济条件属于宽裕的"中产阶级"，而且身后还享有众多显宦的哀悼，那张颉锾的公职肯定不会太低，最起码应该是个主持蒙藏院某重要部门的官员，甚至仅在蒙藏院总裁贡桑诺尔布之下。

此外，还有一种更接近于事实的可能，那便是张颉锾进士及第后，曾被派往青浦为官，几年后再进入晚清理藩部。如果张颉锾与金梁同为甲辰（1904）科进士，金梁中榜时26岁，那张颉锾及第的年龄也应在25至30岁之间。如此算来，张颉锾便应该是出生于1878年前后。这样，他大约在16岁娶妻成家，并在翌年亦即1895年有了长子张厚载。后来他又在26岁左右考中进士，旋被朝廷外派江南为宦。此说如果属实，那么张颉镟应该是在1905年前后携家眷南下青浦的。而幼小的张厚载便是在青浦接受了私塾教育，只不过几年后，随着张颉镟调任理藩部，他们全家便移居京城了。

　　能够支撑此说的，还有一个事实，那便是据张厚载在《听歌想影录》中回忆，"民国二年余以事赴沪，在新舞台见（孙）菊仙演剧，极佩其精神"。民国二年（1913）张厚载19岁，正在京城求学，此时他赴上海，绝不会是公事，很有可能是独自或随父赴江苏青浦去处理家中私事，并在邻近的沪上有过逗留。而且此后的十年间，他还因私有过多次上海之行。

　　青浦位于今日上海市西部，太湖下游，黄浦江上游。区域内河江交错，水系丰富，盛产稻米、鱼虾，为典型的"江南水城""鱼米之乡"。其历史悠久，六千年前已有先民居住。因境东北有青龙镇（今旧青浦镇），东部有赵屯、大盈、顾会、盘龙、崧子五浦，同汇于吴淞江，故名青浦。明嘉靖二十一年（1542），析华亭县修竹、华亭，上海县新江、北亭、海隅五乡立青浦县，设县治于青龙镇。万历年间移县治于唐行镇（今青浦老城区），隶属松江府。清雍正二年（1724）曾划北亭、新江两乡，分置福泉县，至乾隆八年（1743）裁撤，仍并入青浦县境。

民国后，青浦县划归江苏管辖，曾隶属江苏省第三行政督察专员公署。1949年后青浦县先属苏南行署，后隶江苏省，1958年归入上海市。或许这正是张厚载原籍有"江苏青浦（今属上海）"一说的由来。

拜在林纾门下

　　无论是此前已有的著述，还是笔者所推测的"更接近于史实的可能"，关于张厚载早年随父母由南方迁居北京，考入林纾任汉文总教习的五城中学堂这一事实，均无龃龉之处。

　　1995年敦煌文艺出版社付梓的《苦茶——周作人回想录》中，曾说"北大法科有一个学生叫做张谬子，是徐树铮所办的立达中学出身，林琴南在那里教书时的学生"。此说有误。徐树铮1915年确实办有一个中学，林纾也确实受聘为该校教务长。但这个学校不叫立达中学，其初名为正志学校，1920年改名为成达中学。而且张厚载也始终没有在这个学校上过一天学，他考上的，是林纾任汉文总教习的五城中学堂。

从《北京师范大学校史（1902－1982）》等相关史料上可知，五城中学堂是今日北京师范大学附中和甘肃西北师范大学附中的前身，也是中国最早的国立中学堂。"五城"者，乃是明清两朝北京的行政区划，即中城（皇城）、东城、西城、南城、北城的总称，亦即明清时期的北京城的总体称呼。清光绪二十七年（1901），清政府实施新政，其中教育变革是重大举措之一。时任五城尹陈璧奏请朝廷，请求创办五城学堂，奏折旋即获准。

1902年初，在京师厂甸琉璃窑厂瓦砾废墟上建起的五城学堂正式开学。当年8月15日，由管学大臣张百熙主持拟定的《钦定学堂章程》颁布，正式引进西方三段制学制，于是五城学堂正式更名为五城中学堂。这是北京第一所官办中学，也是中国首次使用"中学"这一近代学校名称。按《钦定学堂章程》规定：中等教育设中学堂一级，旨在使高小毕业生加深程度，增添科目，开设修身、读经、算学、辞章、中外史学、中外舆地、外国文、图画、博物、物理、化学、体操等12门课程。四年毕业后，升入高等学堂或大学预科。

　　五城学堂筹建伊始，身为福建闽侯人的陈璧，便保举同籍著名古文家林纾为国文总教习，曾留学英国海军的天津人王劭廉为西文总教习。

　　作为近代古文家、文学家、翻译家，林纾1852年出生于福建闽县（今福州市），字琴南，号畏庐，别署冷红生，晚称蠡叟、践卓翁等。光绪八年（1882）中举人，后考进士不中，遂走上著述、讲学和译书之道，著作等身，成果颇丰。曾在福州主讲苍霞学舍、在杭州主讲东文学舍多年，为桐城派末期代表作家。1901年初，他刚由杭州旅京担任金台书院讲习，便被陈璧聘为五城学堂国文总教习，"岁得束脩千余金"。自此，他便在该学堂主讲修身、国文等课程，前后长达十三年之久。虽然学校名称与时有变，但他所讲课程却一如既往。

　　光绪三十四年（1908），清政府下令将京师大学堂优级师范科改为京师优级师范学堂。民国成立后，修订学制，南京临时政府教育部遂于1912年5月15日，明令京师优级师范学堂改为北京高等师范学校。同年7月，改五城中学堂为北京高等师范学校附属中学校。也就是从此时起，虽然师资、学制未变，但"五城中学堂"的校名便不再使用。

林纾（左）壮年时与桐城派同人吴汝纶（右）、冒广生合影

　　从上述史料的梳理可知，五城学堂1902年初创办，当年便易名五城中学堂，十年后的1912年7月，再次易名为北京高等师范学校附属中学校。而在已知张厚载的生平记载中，其本人及友朋均没有提及他有过在北京高等师范学校附属中学校上学的经历，而是一致认定，他当年所上的中学就是五城学堂，五城学堂是当年人们对五城中学堂的简称。由此可以断定，张厚载就读五城学堂的时间下限，应在1912年之前。此外，张厚载之父张颔锓进士中榜和全家进京的时间，已考定为1904年，而且此后他们一家或许还有过一段外派江南的日子。因此，张厚载在五城学堂上中学的时间，最宽泛地说，也是应该在1904年之后到1912年之前。至于具体时间段，还可以从当时颁布的学堂章程中的学制部分去推断。

　　1902年由管学大臣张百熙主持拟订的《钦定学堂章程》，由于制订仓促，内容过简，故在颁布后很难实施。一年后，清廷又调主张"中学为体，西学为用"的洋务派代表张之洞进京主持制订新学制。很快，张之洞便会同张百熙等人，以日本学制为蓝本，在《钦定学堂章程》的基础上，又借鉴制订湖北学制的经验，修订成《奏定学堂章程》。1904年1月13日，在获光绪帝批准后，新章程得以施行。

　　这是中国教育史上第一个正式颁布且在全国普遍实行的学制，其规定中等教育设立中学堂一级，学制四年。高等教育内分三级：高等学堂或大学预科，学制三年；分科大学（大学堂），学制三至四年；最高等级的通儒院，学制五年。进入民国后，分科大学（大学堂）改称大学。1917年蔡元培入主北京大学后，在将工科移交设在天津的北洋大学，而在北大仅设文、理、法三科的同时，又将此前的法科三年学制改为四年。

　　如果按此学制反推，张厚载1919年"五四"前夕被北京大学开除时，仅差两月即毕业，那他应该是四年前的1915年成为北大法科政治门本科生的。而若要成为分科大学（大学堂）的本科学生，则要先经过三年的预科学习，如此张厚载便是1912年入学北大预科班的。能够跨入高等教育的门槛，首先需要完成四年中等教育的课程。这样，张厚载在中学堂学习的具体时间段便清楚了——1908年他14岁时，考入了林纾任汉文总教习的五城中学堂，1912年18岁中学毕业后，考入北京大学预科。

　　弄清楚了张厚载在五城中学堂学习的时间段，便也就大概能够知道了其一家是何时从南方北上京城的——

1908年之前，张厚载之父张颔篯便已结束了江南任职，携家眷来到了北京，任职于清政府1906年设立的专门管理蒙古等少数民族的最高权力机构理藩部。此结论从张厚载后来的一些零星自述中也可得到证实，因为三年后武昌起义爆发，京城大乱，已在理藩部任职几年的张颔篯，又携张厚载等家眷从北京跑到天津租界去"避祸"了。

北京旧称燕京，既是元明清三朝的政治、商业、文化中心，又是京剧这一中国国粹的发祥地。从乾隆末年徽班进京，到道咸年间融合汉、昆、京、秦等曲种，最终形成"诸腔皆备"的新剧种，京剧艺术在京城大致经历了近七十年的孕育过程。正是由于京剧的诞生，北京戏曲舞台随之也发生了重大变化，以往的昆、弋、秦、梆等剧种大都以旦角为主，而京剧形成之初，却是以生角为重。其代表人物是老生"前三杰"程长庚、余三胜、张二奎，"后三杰"谭鑫培、孙菊仙、汪桂芬。此中程长庚成就最高，影响最大，堪称京剧形成时期的杰出代表。

迨至清末，谭鑫培继程长庚之后，唱念做打、文武昆乱无所不能，开创了"无腔不学谭"的谭派艺术，成为"伶界大王"。与此同时，刘鸿声、杨月楼、王楞仙、俞菊笙、陈德霖、王瑶卿、龚云甫、钱金福等名伶，也

清末北京名伶程长庚、卢胜奎、徐小香合演《群英会》写真图

清末谭鑫培（右）与杨小楼在北京戏院合演《阳平关》

在生旦净末丑等行当上各擅胜场，再加上"后起之秀"梅兰芳，此时也以惊艳的大青衣面貌崭露头角，吸睛无数。至此，京剧剧种已由孕育走向成熟，特别是在北京的红氍毹上，已呈现出了群星灿烂的兴盛局面。

据史料记载，当时的京城，具备固定演出场所的民间专业戏班便有五十余家，如双庆班、全福班、三庆班、福寿班、小和春班、小福胜班、小金奎班、得胜奎班等。此外，还有一批常年在城乡流动演出的"草台班"。而中高档演出场所，则有四十余处，如天乐茶园、庆升茶园、文明茶园、广和楼戏园、广德楼戏园、中和园等。

正是在这种京剧大为繁盛的境况下，张厚载来到了北京，而且受此影响，10岁出头的他，很快便被熏陶成了少年"戏迷"。虽然此刻他只是看得神魂颠倒，乐不思家，还没有形成笔墨加以评骘，但这已为他后来在报纸上开专栏写剧评打下了基础。那时西洋歌曲尚未传入，民间小曲难登舞台，故时人多称看戏为"听歌"。许多年后，他在《歌舞春秋》和《听歌想影录》中所云，"少时夙有剧癖""余自幼笃嗜戏曲，以听歌为乐，清季所观名伶演剧，未及笔录，都已不能省忆"，说的便是此时的状况。这个时间，应该是在1908年前后。

1908年的林纾57岁，已在京城担任五城中学堂汉文总教习六年，而且在两年前，他又受京师大学堂（北京大学前身）校长李家驹之聘，担任了该校预科和师范馆的经学教员。14岁的张厚载应该就是在这一年考入五城中学堂，随后成为林纾弟子的。

从当年开设的课程已有汉文、英文、算学、物理、化学、历史、地理等科去看，五城中学堂与今天的一般中学别无二致，可见其在当年是属于得风气之先的现代学堂。但这种"现代"，并没有使张厚载成为日后具有新文化思潮的现代青年，相反，与林纾的亲近，使他成了一个彻底的"国粹"派，不但对中国的古典文化深谙于心，而且对中国的传统戏曲更是达到痴迷的程度。

张厚载是怎样考上五城中学堂的，又是因何被林纾收为弟子的，目前没有任何史料可循。能够解释得通的，便是曾经领受过海派文化的张颉镳，身为清廷理藩部官员，理应将长子张厚载送到具有官办性质的新学堂去读书。至于拜在林纾门下，那则是张氏父子两代酷嗜传统文化与林纾的"守旧"不谋而合罢了。而且作为学生，张厚载那扎实的古文基础和饱读诗书的引经据典，也会让满腹经纶的林琴南老先生格外青睐。当然，也许就是

梅兰芳戏装照

因为想拜在林纾门下，张颍篯才让张厚载考进五城中学堂的。甚至也不排除张颍篯与林纾本就是老相识，张颍篯就是要让老友将长子培育"成才"，尽管他小林纾20多岁，但林纾对他这个进士出身的小老弟可能还是颇为看重的，而且对相差42岁的孙子辈的张生厚载，更是寄予很大的希望。

就这样，张厚载成了五城中学堂的学生。在功课之余，他还跟从恩师林纾研修古文，学习山水绘画，并且一同观赏京剧。当时14岁的梅兰芳刚刚搭班"喜连成"，其俊俏的扮相和大家气度曾让张厚载记忆深刻，后来他在忆起对梅兰芳的最初印象时，曾写道："忆余幼时，尝从先君及诸师长，至广德楼观喜连成社演剧，其时该社最能叫座之戏，为梅兰芳、金丝红、小穆子之《二进宫》，兰芳时方初露头角，在该社已充台柱。"

也就是从这时起，张厚载便对与其"同庚"的梅兰芳"情有独钟"，此后不仅"梅戏"必看，而且对其颂扬有加，最终成了"梅党"中坚。

然而这样"学习娱乐两不误"的惬意日子刚刚过了不足三年，他们的生存便遇到了危机。

避祸天津的"最小剧评家"

梅兰芳1961年曾撰文回忆，1911年10月12日的白天，他正在北京煤市街南口文明茶园演出，忽然看见台下观众手持报纸，交头接耳，纷纷议论。卸妆时，有几位京师译学馆的学生跑来对他说：武昌发生"兵变"，被革命党占领了。梅闻听忙说，此地不是讲话之所，他们相约在煤市街北口的致美斋见面。吃饭时，几位学生把当天的报纸号外给梅看，上面登着清廷关于镇压武昌起义的"上谕"。随后，梅兰芳又追忆说：

　　几天后的某晚，谭鑫培、杨小楼在宝禅寺街庆升茶园合演《连营寨》。当谭先生唱到刘备哭灵牌的时候，电灯突然灭了，满园漆黑，只得散戏。紧接着，以仓场侍郎而新署民政部大臣的桂春叫京师巡警总厅通知戏园停演夜戏，前门大街上每逢三六九日的夜市也勒令停止。入夜后，热闹街市的饭庄、铺户都没有电灯，路少行人，景象萧条。同时谣言纷起，传说桂春从城外调来了三营旗兵准备杀汉人，人心更为恐慌。大清银行（在西交民巷，后改中国银行）发生挤兑，门口人声嘈杂，车辆拥挤，都是拿钞票来兑现洋，准备拉回家的。大老富商们更用银元兑换赤金，金价飞涨到四十几换。

有钱有势的还把家眷送到天津租界内，于是外国人趁机大发其财。日租界的德义楼、奥租界的春满楼旅馆的房金猛涨几倍；（天津的）花旗、汇丰、道胜、正金等外商银行以存款骤增，对新存户采取不付利息的办法。南方籍贯的官员，纷纷携眷离京，北京东车站的站台上行李堆积如山，儿啼母唤，失物寻人，纷乱不堪。

这便是1911年辛亥革命爆发后，北京城的惊恐场面。

林纾与张厚载两家虽然都客居京城，势力不大，但属于"有钱"的中产阶级。因此，面对"兵变"，两家都采取了"走为上策"之计，先后离京，"避祸"于百余公里外的天津租界。

张厚载一家是先到天津的。1939年11月29日的《新天津画报》，曾刊有张厚载文章《津门偶忆》，此文开篇便写道："余初来津门，在前清宣统三年，时革命军兴，余侍先严先慈，自旧京举家抵津避难，俶居于日租界旭街纯厚里。"

林纾与夫人及子女合影

宣统三年，即为公历1911年。从因果关系看，应该是先有北京"兵变"，后有来津避难。"僦"字作"租赁"解，"僦居"便是租房而居。由此可见，张厚载一家在津并无房产，而且似乎也没有亲戚。此外，他们全家在津的"避难"地日租界旭街（今和平路）纯厚里，距梅兰芳所追忆的"房价猛涨几倍"的德义楼近在咫尺。能够在客房吃紧的日租界最大旅社隔街相对之处租下住房，除了说明他家确是"有钱"一族，还可证明他们属于最早跑出北京的那批人。

因此，综合上述因素可以断定，张厚载一家踏入津门的最迟时间，应该是在1911年的10月下旬。因为迟过此刻，就是有钱也租不到与德义楼咫尺之遥的纯厚里了。

纯厚里所在的日租界旭街，属于当年天津的黄金地段。此地开发于1908年，当时正在陆续建房成巷，所建住房均为二层小楼。据此可知，张厚载家所租房屋尚是新居，由此亦可见他家财力之一斑。

大概是安顿好家人后，张厚载随父亲又返回了北京，处理完家事后又顺路去接林纾一家来津。武昌起义波及北京时，林纾并没有惊慌，他想等一等，看看局势进展再做决定。但妻子让他为孩子们着想，还是暂避一下为

清末正在修建中的天津日租界旭街

当年的天津日租界寿街（今兴安路），张厚载一家避难天津时租住的纯厚里后面便与此街相通

好，再加上此时张颉镬父子又来劝说，于是林纾被说动了，随后他封存好家中财物，携家眷于当年11月9日踏上了赴津之旅。

但此时天津日租界旭街上的房屋都被租赁一空，林纾全家只能来到当时尚属英租界的老西开南部赁居而住。此刻这里尚未完全开发，驻津的英国部队经常在此操练。对此，《林纾年谱简编》亦有相关记载："辛亥革命爆发，举国震动。一个月后，林纾携家眷到天津避难。"此间他目睹时局动乱，心情郁郁不乐，曾在《离恨天·自序》中写道："余自辛亥九月（1911年11月），侨寓析津，长日闻见，均悲愕之事。西兵吹角伐鼓，过余门外，自疑身沦异域。"

这一年的11月17日是农历辛亥年九月二十七，乃林纾60岁寿诞。刚刚落脚津门的林家不像往年那样有宾客前来贺寿，而只举行了简单的寿礼。当天晚宴上，除林家人外，唯一的外人，便是林纾弟子张厚载。据说他认认真真地给恩师磕了三个响头。

经过几年的开发，张厚载一家租住的日租界旭街纯厚里附近，此时已是民居、酒馆、戏院、妓院、烟馆齐备，不但整日间人流如织、车水马龙，而且昼夜灯红酒绿、纸醉金迷。这种乌烟瘴气的环境让读书人出身的张颉篌十分不安,他担心首次踏入津门、刚刚17岁的长子张厚载被熏染,再加上不知此"难"要"避"到何时,于是他通过友人开始在津寻找合适学校,欲让张厚载和其弟尽快复课。

由于张厚载在北京五城中学堂还差一年即毕业,五城中学堂在北京又属于新式学堂,因此经过多方比较,他们最终选定了天津新学书院。该校由英国基督教伦敦会于1902年在津创办,是一所开风气之先的新式教会学校,地处法租界海大道(今大沽路),与张厚载一家租住的纯厚里相距不远。其建筑仿英国牛津大学,系青灰色古城堡式校舍。初建时为大学规模,学制四年,除师资雄厚外,教学设施也极完备。此外,该院还附设中学班,学制也是四年,张厚载与其弟便插班于附属中学班。

虽然就读于新式学堂,但张厚载仍对传统文化眷恋有加,课余仍坚持往同在津沽"避难"的林纾家学习古诗文。其间发生的一件事,不但让张厚载产生了心惊肉跳般的惊悚,而且后来他将此事告诉了友人梅兰芳,也让梅氏记忆深刻。1951年,梅兰芳在对秘书许姬传口授《舞台生活四十年》时,曾转述过这个"故事"。据当年张厚载对梅兰芳讲:

1911年张厚载就读时的天津新学书院外景

那时我还在天津新学书院念书。有一天经过海光寺日本兵营的门口，看见地下画了一个半圆形的圈子，面积占得相当宽阔，旁边并没有用文字说明这圈子的作用。我也一时大意，打这圈子穿过去，让门口站的一个日本兵看见了。这还了得，他就跟野兽似的怪叫一声，把他拿的那支上好了雪亮的刺刀的步枪，横着端在手里，朝我面前冲过来。我看情势不妙，拔腿就跑。他在后面还紧追了几步，我一口气跑得老远的才敢停住脚。正巧路旁有一位本地的老先生冷眼旁观，把这一幕惊险的镜头，看得清清楚楚。他拍着我的肩膀说："小朋友，恭喜你。你这条命算是捡着的。我告诉你，是个中国人走进他的圈子，就给你一刺刀，刺死了还不用偿命，所以死在他们的刺刀上的，已经有过好几个人了。这不是好玩的地方，你没有事还是少来吧！"我听他这么一说，想起刚才的情形，再回头看这日本兵，还露出那副狰狞可怕的面目，狠狠地望着我咧。我顿时觉得毛骨悚然，不寒而栗。后来住久了，才知道日本租界有两个最可怕的地方，一个是海光寺兵营的门前，一个就是警察署的里边。

张厚载当年就学天津新学书院时的这段鲜为人知的遭遇，若不是被梅兰芳写进书里，几乎就湮没了。因为在张厚载所写的所有文字里，均未见有此记载。

1912年元旦到了，中华民国在南京宣告成立，先是孙中山就任临时大总统。2月12日，宣统皇帝被迫退位。两天后，孙中山宣布辞职，袁世凯则在北京组成了"共和"政府。至此局势初定，北京的大中小学便也陆续复课。为了防止再次生变，林纾与张厚载两家仍居于天津，林纾每周都要进京一两次，为五城中学堂和京师大学堂上课。张厚载父亲张颔笺则单身返京复职，只是在周末假期来津全家团聚。此时理藩部已改制为隶属民国政府内务部的蒙藏事务处，不久又改为蒙藏事务局，张颔笺仍在此为官。

张厚载没有返回北京，因为他在天津新学书院已面临中学毕业，因此，他和母亲及弟弟仍租住在天津日租界旭街纯厚里。学业虽然紧张，考入大学预科的压力也大，但这些对聪敏好学的张厚载已构不成负担，此刻他在念书之余，又走进了天津的戏园子，而且在赏戏之余，还有了"生财之道"。

戏曲艺术尤其是京剧，在天津有着悠久历史。早在

民初天津京剧舞台上的《黄鹤楼》

元代，天津便有了戏曲活动，明代已较为流行，明末祁彪佳在《归南快录》中，已有"官绅在家宴中以戏曲飨客"的记载。而到了清初雍乾年间，演艺活动在天津更是盛行。当时主要是一些盐商富贾组建私家戏班，以作飨宾和娱乐之用，演出剧种多为昆曲、弋腔和老秦腔。至于京剧，则是在北京形成过程中，于嘉庆年间传入津门的。

迨至清末民初，京剧在天津已成鼎盛之态。作为京剧发祥地，北京名伶荟萃，当年外埠约聘"京角"，多由津沽这个大码头中转，而南方伶人进京献艺，也愿先在津门"挑帘"亮相。故此，各类戏班南来北往过津演出频繁，并由此造成天津在戏曲行有"过路班"之称。清末伶界流传"北京学戏，天津唱红，上海赚钞"之说，这里的"唱红"，指的便是天津作为京剧第二发祥地的繁盛。

如此热闹的舞台盛况，怎能不吸引客居津沽的"小戏迷"张厚载？于是，上课之余，他又成了家门口几家戏园的常客。近三十年后，他曾在《津门偶忆》一文中回忆说，1911年"避祸"津门期间，除了去学校，"闲居无俚，日以听歌为乐，下天仙及丹桂、大舞台等剧园，常有余之足迹"。

下天仙戏院（1954年易名人民剧场，今不存）离张厚载家租住的纯厚里最近，其开在旭街上的荣吉街口，与张厚载家几乎是正对门。此砖木结构戏园建于1903年，开业时名为天仙茶园，后为区别于先期开业的上天仙茶园，而改称下天仙茶园，不久又更名为下天仙戏院，是清末民初天津红极一时的京剧演出场所，名伶杨小楼、时慧宝、余叔岩、刘鸿升、尚和玉、李吉瑞等，均长期在此登台，坊间曾有"看好戏到下天仙"之说。

丹桂茶园（1949年后易名南市影院，今不存）也离纯厚里不远，其位于旭街北部的南市平安街，建于

辛亥革命前后的天津天仙茶园，其对面便是张厚载一家租住的纯厚里

1910年，以演出京剧、落子和杂耍为主。据《鲁迅年谱》记载，几乎与张厚载光顾此园同时，1912年6月10日，鲁迅曾与齐宗颐来此"考察新剧"。

大舞台竣工于1915年，张厚载一家避难天津时，该戏院尚未建造，他回忆此时于此观剧显系误记。但他几年后来津在此看戏则是事实，这在其"观后记"中曾有记载。该戏院建于旭街北部的南市荣吉街，为转动式舞台，以专演武戏为号召，是当年南市一带规模最大的戏院，其开业标志着天津旧式戏园向现代戏院转变的开始。也许正因如此，其让少年张厚载记忆深刻，被他写入了少时"偶忆"中。

除以上三家戏园外，当时开在纯厚里张厚载家附近的尚有中华茶园（旭街南市口，后名中华戏院）、上天仙戏院（东马路袜子胡同，初名庆芳茶园）、天丰舞台（法租界樊主教路与福煦将军路交口，后名新中央戏院）、升平舞台（南市荣业街，初名升平茶园）、大观新舞台（北马路官银号，初名大观楼）、广和楼（南市东兴大街，后重建为第一舞台）、天福舞台（法租界福煦将军路，后名茂记天福舞台）、天喜茶园（南市东兴大街，后名上平安戏院），以及天乐茶园、凤鸣茶园、大乐茶园等。

当年这些演出场所可谓名伶大腕风云际会，红氍毹上争奇斗艳。面对着如此好戏连台、群星璀璨的梨园盛景，少年张厚载真的是感到有些目不暇接、美不胜收了。为了记住看过的戏和"捧"过的角儿，他产生了用笔记录的想法。据他后来在《津门偶忆》中追忆，"余时年十七，喜弄笔墨，每以剧场所见，濡笔记之"。记忆较深的，是他"曾记谭鑫培一日在下天仙演《托兆碰碑》，前排座售价八角八分，余及余弟，趋往聆之。余叔岩，时艺名小小余三胜，亦常在下天仙露演，余侪亦常往顾曲，以《失街亭》一剧为最满堂"。

关于谭鑫培这次在下天仙演《托兆碰碑》的盛况，天津档案馆相关史料亦有记载："民国元年，轻易不来津的谭鑫培在该园演出了《托兆碰碑》，远在乡村的戏迷闻讯后，带着干粮，赶着马车，星夜启程，午后到园，排队购票。"两相参照，谭鑫培此次来津公演的售票情况便大致清晰了。由此可见，张厚载当时所记确可补今日戏剧史料之不足。这样的文字积累多了，他便有了向报馆投稿的想法，而且很快便付诸行动。1939年他曾在《津门偶忆》中讲：

　　因所寓与《天津日日新闻》报社密迩，遂以所作，投寄该社，常被刊登，嗣该社来函，嘱逐日写寄一小段，按月致酬十元。余以禀告先严先慈，似皆不信余之信手涂稿，乃能赚钱也。余自是每日写稿送去，一月后，取得酬资银币十元，举以奉先慈。先慈以余短浅之作，果尔得售，不觉溺喜，遂以此十元，畀余及余弟，作零星费用。余与余弟，乃更得遨游于歌台舞榭之间。……观剧既多，取才亦众，下笔自易。《天津日日新闻》之附刊上，乃无日不揭载余作之评剧短文。此为余评剧之始，亦即与报界发生关系之始。而其时日日新闻社社长，则定海方药雨先生也。

这段回忆披露的史实非常重要。

第一，它告诉人们，张厚载作为民国"第一剧评家"和报人，是从天津起步的。其处女作不但刊发在1911年底的《天津日日新闻》上，而且正是受了该报有偿特约，他才坚持一路写了下去，并且从此与报界发生联系。

第二，张厚载之所以将剧评处女作投给《天津日日新闻》，是因为其租住的旭街纯厚里与该报馆"密迩"。挨诸史料可知，《天津日日新闻》除经理部与发行部地处旭街中段与纯厚里近在咫尺外，其社长室与编辑部都设在旭街中孝里西口。而中孝里与纯厚里又是相邻的两条巷子，巷后有横胡同相通。因此，张厚载从家中出来穿胡同便能到达报馆编辑部。有如此方便的"密迩"条件，他方能每日不辍地自行"投寄"稿件。

第三，家庭的开明与母亲的奖赏，让学生时代的张厚载能够"名正言顺"地去看戏写剧评。正是母亲的"纵容"，方使他能够不间断地凭借"自食其力"而"遨游于歌台舞榭之间"，并成就他成了民国"最早"和"最小"的"剧评家"。

第四，1911年底至1912年间，张厚载在津观剧甚多，写稿颇勤，而且越写越熟练。这期间的《天津日日新闻》副刊上，几乎每日都登载他的剧评短文。

第五，《天津日日新闻》之所以长期付酬约张厚载写剧评，应该与该报社社长方药雨有关。

方药雨原名方若，出生于1869年，字楚卿，后改药雨，号劬园，浙江定海人，清光绪年间秀才。1893年到天津充任永定河工委员及北洋学堂文案，后因参与康梁变法，遭通缉出走日本。后经友人斡旋归国，进入同乡王修植与维新人士严复、夏曾佑等在津创办的《国闻报》，从事日文稿件翻译工作。据《定海县志》记载："清光绪二十六年（1900），八国联军入侵，方若引导日军攻入天津，接受日本'旭日'勋章。"

1900年6月，《国闻报》因遭清廷保守派弹劾及报馆被义和团捣毁，被迫停刊，旋即便卖给日本驻津领事郑永昌。翌年3月1日，日本驻津领事馆将报纸易名《天津日日新闻》，委任方若为社长兼总编辑重新出版。方若又聘同乡张颐为该报编辑，并将馆址移入日租界旭街中孝里西口。

当时报纸日出对开一大张，要闻主要来源于日媒，本埠新闻均采自日租界。而方若则每日必去日本领事馆，将欲发稿件送日方审核。日方指定与其接头者，为领事馆女职员汤小豹。汤乃日籍中日混血女，后因二人接触频繁，日久生情，汤遂嫁与方若，并进而掌控报纸的编辑报道权。此后由于报纸浓重的亲日色彩，逐渐遭到读者鄙弃，发行量锐减，每日仅印1200份，发行范围也只局限于日租界，广告则靠各日本商行支撑，效益极差。

为扭转颓势，方若先是于1904年找到老友刘鹗，让其续写《老残游记》在报上连载，借以吸引读者。在小说连载为报纸拉来一大批读者后，方若又借着日租界旭街周边茶园、戏院众多的优势，于报端开设《评剧》专栏，每日凭着几位遗老遗少的三言两语与各演出场所互动，打着"广告"旗号敛财。然而无奈的是，此等人所写文字佶屈聱牙空洞无物，时间一长读者便不买账。

正当方若苦无良策之际，他接到了张厚载的投稿。看着不落窠臼，尚有见地的剧评文字，方若欣喜不已，尤其是当他得知作者尚是一名在校中学生时，更是大呼"想不到"，于是在第一时间便向张厚载发去了"逐日写寄一小段，按月致酬十元"的"包稿"函。对于这段经历，张厚载后来亦曾写入《津门偶忆》中，并慨叹云：其后来在剧评一道有所建树，"饮水思源，皆清季在日日新闻社历练之效，亦即方药雨先生奖掖之赐，惭感之怀，其何能已"。

然而正是这张曾经"历练"过张厚载的《天津日日新闻》，在此后的时日，依仗着日本驻津领事馆的庇护，完全变成了日方侵华的舆论喉舌，直至天津沦陷，方才终刊。而当年"奖掖"张厚载的方药雨，则在天津沦陷后出任了多种伪职，甚至充当了日伪天津特别市公署代市长，彻底地沦为了汉奸。

跻身"梅党"中坚

1912年夏天，张厚载以文科全优成绩在天津新学书院初中部毕业了。这年7月，刚刚成立的民国政府修订学制，北京五城中学堂成了北京高等师范学校附属中学堂。作为离开该校仅半年多的旧有学生，张厚载本可以凭着初中毕业成绩，免试升入高等师范，而且管吃管住，不用交任何费用。但他没有享受这些福利，他家不缺钱，无论是父亲张颌锾还是恩师林琴南，都希望他能够在传统文化更为浓郁的京师大学堂继续深造。而他自己，也是怀抱着这个愿望。于是，在师长们的谋划下，他决计报考才由京师大学堂改名的北京大学预科。

当年秋初，北京大学首届预科招考，张厚载由津到京没费多少周折便顺利考中。因此时北京的社会秩序已逐渐恢复，为方便上学，其一家便由天津搬回了北京西河沿原住处。这里距北大预科所在的北河沿不远，从家中步行过前门转东城便到了。10月间，林纾携家眷也返回了北京，除继续在五城中学堂和已易名的北京大学任教外，还兼任了刚刚创办的《平报》编纂和梁启超在津所办《庸言》的特约撰述。

关于初办的北大预科，当时在校任教授并担任预科学长的徐崇钦曾在《八年回想》中写道，"查北大之预科，即前清时代京师大学堂时名曰高等学堂，虽与本科同一地点，实则内部之组织完全独立。元年间，始变名预科，而事实上与独立之精神依然存在。二年夏，由西斋北部移至译学馆旧址，为预科地点"。其"内设二部，称一类、二类。一类即文科，复分英、法、德三系，二类即理科，均三年毕业，俱有文官考试资格。学生初时仅有二百余人"。对此，比张厚载晚一年入学的学弟张申府在《回想北大当年》中也有追忆：

1913年，我在北京高等师范学堂附属中学班（即五城中学堂）读书。秋天，跳班考入北京大学预科。
当时的北大设文、法、理、工科和预科，本科设在地
安门的马神庙，预科设在北河沿的清代译学馆旧址。

　　所谓"预科"相当于北大的附属高中，学制为
三年（后改两年），毕业后可以免试升入本科。预科
又分为两类：第一类预科毕业后升入文、法本科；
第二类预科毕业后升入理、工科。

　　据此可知，张厚载当年所上北大预科的学制和分科
情况。而且从后来的结果看，张厚载上的肯定是能够升
入文、法本科的预科第一类。

　　至于学生素质，与张厚载相差一年入学的顾颉刚在
《蔡元培先生与五四运动》一文中也有介绍："一九一三
年我考入北大预科时，学校像个衙门，没有多少学术气
氛。"不仅师资队伍参差不齐，而且学生们更是顽劣不
堪，他们"多是官僚和大地主子弟。有的学生一年要花
五千银圆；当然，这样的豪富子弟数量不多，大约不过
两三人。至于一年花千把银圆的人就多了，少说也有好
几十"。而像他一年从家里只能拿二三百银圆来上学的，
简直就是"没有地位的穷学生"。

当年的北京大学

这还不算，更糟的是，那些"有钱的学生，带听差、打麻将、吃花酒、捧名角，对读书毫无兴趣。那时的北大有一种坏现象：一些有钱的教师和学生，吃过晚饭后就坐洋车奔'八大胡同'（和平门外韩家潭一带）。所以妓院中称'两院一堂'是最好的主顾（'两院'指参议院、众议院，'一堂'指京师大学堂）"。此外，"那时在学生中还流行一种坏风气，就是'结十兄弟'"。具体而言，就是十个气味相投的学生结拜成兄弟，毕业后大家钻营做官，谁的官大，其他九人就到他手下混事，捞个一官半职。这个官如果是花钱买来的，那么钻营费用则由十人分摊。因此，在"蔡元培先生来长校之前，北大搞得乌烟瘴气，哪里像个什么'最高学府'？我当时比较注意读书，暇时看看京戏，就算是好学生了"。

顾颉刚的回忆未免带有个人感情色彩，然而还是从一个侧面"再现"了当时北大预科学生的状况。张厚载肯定属于"官僚"家庭的"富豪子弟"，他是否也曾"带听差、打麻将、吃花酒"、奔"八大胡同"，以及"结十兄弟"，因目前没见任何记载，不得而知。但从后来的人生轨迹和为人处世看，他不属于那种人。

至于像顾颉刚那样的"穷学生"，平时"比较注意读书，暇时看看京戏"，倒是与他蛮对路。因此，他与顾颉刚一样，也应该"算是好学生了"。只不过他比顾颉刚更甚一些，除了"看看京戏"，还写剧评，还拜师学艺做"票友"，还"粉墨登场"去"玩票"，还常年厮混在"票房"。

所谓票友，按个中翘楚张伯驹的解释，即为"非伶人演戏者称票友，其聚集排演处称票房"。早于张伯驹的光绪年举人徐珂在《清稗类钞》中对此亦有解说："凡非优伶而演戏者，即以串客称之，亦谓之曰'清客串'，曰'顽儿票'，曰'票班'，曰'票友'，日本之所谓素人者是也。然其戏剧之知识，恒突过于伶工，即其技艺，亦在寻常伶工之上。"可见能在票房里玩票的票友，技艺已非同一般。张厚载课余厮混其间，其水平便可想而知了。对于此等经历，1944年他在《立言画刊》上发表的《玩票琐忆》，亦有追忆：

> 民国初年，负笈都门，课余多暇，兼习戏曲，彩排清唱，时复参加……
>
> 余初学戏，系从老伶戴韵芳学小生，第一出为《辕门射戟》，其次为《叫关》《黄鹤楼》《飞虎山》

《白门楼》等剧。时戴寓前门外汾州营，与著名武票赵子仪先生为比邻。余因戴之介，得识赵君，曾观其所置行头及刀枪把子，皆灿烂夺目，欣美不置（后余登台彩唱，尝借用其行头）。赵君系名武生董凤年之高足，拥资富厚，而笃嗜戏剧，九城票界，无不知其名也。

时余寓西河沿一九一号（在余家胡同口外路南，今已归名医汪逢春所有），贴邻为正乙祠。老票友王劲闻、陈墨香诸公，借其地组织簧学会，余以地址密迩，亦加入为会员，追随诸老前辈之后，登台彩唱。然第一次公演，实系清唱。在余戟门师宅中，清唱《黄鹤楼》之周瑜。经此次清唱以后，对锣鼓稍有经验，始敢在簧学会彩唱，第一出即演《射戟》。

小生戏学数出后，又从老伶陈福胜学老生《卖马》《骂曹》《乌龙院》等剧。簧学会每有彩排，几无不登台。陈墨香及其介弟两石，于文武各剧，几无所不通，偶缺配角，贤昆仲皆能胜任。余一日演《白门楼》，墨香为饰貂蝉（此事墨香遗著《活人大戏》中似曾述及）。又一次演《南阳关》，两石为饰韩擒虎。贤昆仲提携后进，凤具热诚，殊可感佩。

当年张厚载就学时的北京大学法科所在地

从陈福胜学老生戏，仅三五出。又思涉猎武戏。时老友包丹庭方拜列老伶工王福寿之门墙，余不自揣浅陋，竟挽包君，转恳王四先生（都人称福寿为红眼王四）教授《探庄》。蒙其慨允，每日至虎坊桥一米铺之后院内，从之学习。此即包君与王四先生日常用工之处也。《探庄》曲子拍完后，稍习身段，又学《挑华车》及《借赵云》两剧，《探庄》与《挑华车》，皆只勉能唱曲……

……

《挑华车》高冲所唱"石榴花""黄龙滚"两折，悲壮激越，余最喜诵之。杨小楼歌此，声出金石，每演余必往聆。后与小楼相识，曾乞其低声教授。声腔研练，与王四先生所授，不爽累黍，具见前辈法度。

张厚载晚年的这段"夫子自道"，可以说详尽地写出了他在北大预科时，课余学戏、"票戏"的经历。不但具体翔实，而且信息量极大。

信息之一：在学戏方面，张厚载起点颇高，师出名门。除"曾乞"一代名伶杨小楼"低声教授"外，教其小生的戴韵芳也是名青衣，曾在北京正乐社科班任教，梅兰芳、尚小云刚出道时均受过他的指教。教其老生的陈福胜乃著名里子老生，为清光绪年间四喜班演员，曾给谭鑫培配戏。教其武戏的王福寿，乃晚清武生兼老生名家，当年曾在宫里给慈禧唱过戏。包丹庭乃王福寿高徒，自幼学戏，当年声望与"红豆馆主"溥侗并称。而张文斌、陈德霖、裘桂仙，则更是清末民初响当当的名伶。

此外，借其"行头"的赵子仪出自名武生董凤年与名武丑王长林门下，为京城票房翘楚。任大理院书记官的王劲闻，也是当年北京名票。而陈墨香更是民初的戏曲行家兼著名票友，其晚年所著纪实长篇章回小说《活人大戏》《梨园外史》，披露了众多清末民初戏曲行秘闻逸事，其中多处涉及张厚载。

信息之二："戏痴"张厚载课余是偷着"玩票"的。作为北大预科学生，他对出没票房尚有所顾忌。因他加入的"黄学会"鱼龙混杂，人员素质参差不齐，所以他是见"地址密迩"，方才"加入为会员的"。所谓黄学会，按发起人陈墨香在《观剧生活素描》里的描述，就是一个民间票房，其初设在魏染胡同，"很是发达，走了不少的局"，后因"票友渐渐增加，因嫌票房狭窄便搬入西河沿正乙祠，改名黄学会，又改熙春会"。

信息之三：张厚载曾居于京城繁华之地的豪宅大院。按其自述，他家当时住在西河沿佘家胡同口外路南一九一号，紧邻正乙祠。西河沿在明清时期便已异常繁华，街内曾建有多所会馆，其中最著名者，便是浙江银号会馆内的正乙祠戏楼。张厚载的家，便在这座古戏楼隔壁，是一座宽阔豪奢的深宅大院。据他所言，其房舍后来"归名医汪逢春所有"。

作为当年京城四大名医之一，汪逢春又名汪朝甲。据北京市档案馆所藏《北平市警察局外二分局西河沿户口调查表》所示，民国三十七年（1948）调查，汪氏住宅地址为："西河沿一九一号，公产。户主：汪朝甲。"而这个地址，恰恰与张厚载所回忆的"住在西河沿佘家胡同口外路南一九一号"相同。此院落进身极深，房屋众多，院后有石头假山和滴水池塘。至于它是怎样"归名医汪逢春所有"的，目前没有任何答案。能够知道的，仅是1926年张厚载家遭"不幸"，在双亲故去后，他便携家眷到天津谋职，从此便与这座豪宅没有任何关系了。

在北京大学上学时的张厚载

在票房"玩票"的同时，张厚载重新拾起了看戏、写剧评的爱好。

曾任国民党《中央日报》总主笔和蒋介石私人秘书的陶希圣，是晚于张厚载三年考上北大预科的。他入校时，张厚载刚刚由预科升入法科政治门本科。三年后，他也转入法科。因此，二人应算是同时在校、同系但不同届的同学。据他后来在文章中回忆，当时北大学生课余看戏，属于正常消遣，他也"听戏不少，并不懂戏，虽不懂戏，却也有些见闻"，那便是在同学中有"捧角"者，但这也属于正常活动。当时"捧角家请客听戏，是奉送戏票和座位的，只有一个条件，就是跟随他喊好。我不会也不愿喊好，到了大家都喊时，只是张嘴示意以为报销而已"。与他"同年级的捧角家有所谓四霸天，都是小一号的评戏者"。但与这些人不同，"北京大学的同学，在评戏之中，占很高地位的，有张聊子"。

张聊子即张厚载。据此可知，张厚载作为北大学生中的"评戏"家，是与"捧角家"不同的。"评戏"家重在"评"，"捧角家"意在"捧"。而且在"评戏"家中，张厚载还是"占很高地位"者，否则几十年后陶希圣便不会记住他的名号。其实，只要看过他这一时期所写的"评戏"文章，便可发现，其已不同于几年前刊在《天津日日新闻》上的文字了，按其友人李秋斋日后为他的《歌舞春秋》作序时所言："缪子先生，壮游北部，历观名家之作，不可胜数，凡有纪述，举国传诵，一字之褒，荣逾华衮，故并世论京剧者，莫不以缪子为坛坫也。"

此语虽有溢美之嫌，但也确实点出了张厚载"评戏"文章在当年的分量。而这些被奉为"坛坫"的文字之始，则是来自对"初露头角"之"梅郎"的评论。对此，在梅兰芳的《舞台生活四十年》中，记录者许姬传曾写道：

> 民国以前，北京的观众，在行的真多。可是报纸上还没有剧评。关于梅先生的戏，最早是陶益生先生在民初《亚细亚报》上发表过一篇评论。到了民国二三年间张缪子先生起来提倡，《公言报》上常见到他的作品。所以剧评一道，他可以说是开风气之先声。他评梅先生的戏最多。

许姬传是早期著名戏曲评论家，略晚于张厚载涉猎京剧鉴赏与研究，曾任梅兰芳私人秘书，其所称张厚载开"剧评"这一行当"风气之先声"，并且"评梅先生的戏最多"，当是行内定论。

如果说初期的"评梅"文字，还仅是出于一个戏迷对"梅郎"表演的喜爱，那么当有一天，张厚载与梅兰芳巧遇并相识后，他除了迅速融入"梅党"，更是利用其文笔和学识，大力地"捧梅""赞梅"并"助梅"。应该说，梅兰芳后来能超越侪辈，脱颖而出成为中国戏曲艺术的代表和符号，是和张厚载与他的"梅党"团体的存在密不可分的。而这一切，都还要从张厚载初识梅兰芳说起。

清末民初，梅兰芳异军突起，其舞台上俊美的扮相和妩媚的表演，让所有观剧者都过目难忘。当时的名士易顺鼎曾在诗中将他与另一走红的男旦贾璧云热捧，其中有句"谁知艳质争娇宠，贾郎似蜀梅郎陇"。由此，时人便将梅兰芳唤作"梅郎"。按照张厚载的回忆，他早在幼年时，便随父亲在广德楼看过刚搭班喜连成的"梅郎"唱戏，并对当时初露头角的这位同龄人印象颇佳，但他与"梅郎"初识，则要到1914年前后。当时他俩均为弱冠之年，在一次赈灾舞会上，二人碰面了。

青年时期的梅兰芳

梅兰芳年轻时的《嫦娥奔月》剧照

对于这次"舞场邂逅"，张厚载后来曾有过十分具体的描述：

> 余与梅相识，远在民国三四年间。时都中名流淑媛，为江淮水灾，借外交大楼开赈灾跳舞大会。余入场观舞，偶一回首，则梅适立余侧。因不揣冒昧，与谈跳舞与旧剧身段之异同，梅不知余为何人，乃不嫌唐突，亦述其所见。余喜出望外，归后立草一文，题曰《跳舞会中之梅兰芳》，长数千言，刊之《亚细亚报》。其后该报主笔黄哲维先生，乃设宴于东兴楼，为余介见梅及冯（耿光）氏，暨李释戡、齐如山诸公。时哲维已与梁众异合办《公言报》，乃约余为任剧评，余曾作一诗赠梅，有"长忆繁华跳舞场，并肩小立看红妆，就时笑语今皆记，此夜容华永不忘"等句，此为余与梅订交之始。

从回忆中可以知晓，除张厚载与梅兰芳当年都曾涉足舞场，而且二人初识便探讨戏曲表演外，张厚载还曾写有数千言的"赞梅"文章刊于报端，并因此而受邀与

风华绝代的梅兰芳

"梅党"要人们欢宴。这不仅意味着"党魁"梅兰芳对他的认可，而且还表明了冯耿光、李释戡、齐如山、黄秋岳等"梅党"巨头们对他的接纳。

所谓"梅党"，即当年对梅兰芳"拥趸"的戏称。对此，穆辰公在1917年付梓的《伶史》中有解，"壬子（1912年）夏，兰芳势益张，好事者为之结梅党，奉兰芳为党魁"。这里的"好事者"，便是指当年围绕在梅兰芳周围，因"捧梅""赞梅""助梅"以及"倾心为梅"而结成"梅党"的那些人物。其中坚除上述四巨头外，尚有许伯明、吴震修、舒石父、张彭春、罗瘿公、赵叔雍、文公达、许姬传、许源来等。

而"后来居上"的张厚载，则是这些中坚中当仁不让的"健将"。1951年其友人余苍在上海《亦报》上云："此君（指张厚载）对于梅兰芳的舞台艺术，鼓吹最早，是当时所谓'梅党'的中坚。"当年更有署名"太史公"者，在追忆梅兰芳早期演艺生涯时写道："民初，梅浣华方露头角，实力捧场集团，有梅党之称，若冯幼伟、李释戡、黄秋岳、齐如山诸先生，皆为主力份子，聊公先生亦其中健将焉。"

据梅兰芳研究者张国强在《君子如党：梅兰芳与"梅

党"》一书中介绍，张厚载对梅兰芳的艺术不但推崇备至，而且如痴如醉，有人说，"曾见到每本他看过的书上，都有他亲笔所画的朵朵梅花，他写稿子或写信给熟识的朋友，常喜爱在末一页纸尾空白的地方画上几朵梅花"。此外，"他平日同人会面时，只寒暄一下就算了，若遇到有人同他谈起梅兰芳的艺术或京戏来，不仅他感觉津津有味，他还能使你亦感觉津津有味。或许因为他爱用'津津'作笔名吧"。

可以说，张厚载与梅兰芳自相识到终其一生，始终交往密切。张厚载不但一直关注着梅兰芳的艺术发展，梅凡有新戏问世，他都有剧评文章随之刊出，而且每当谈及戏曲艺术时，他都无不赞誉梅兰芳。因此，称其为梅兰芳舞台艺术发展的见证者，绝非过誉。

揆诸史料可以发现，他的这些"捧梅""赞梅"文章，最初都是刊发在当时北京的《亚细亚报》与《公言报》上。

《亚细亚报》是袁世凯出任民国大总统时，由"筹安会"于1912年6月在北京创办的一张鼓吹帝制的报纸，由薛大可（薛子奇）主持，樊增祥、易实甫等任撰述。其副刊多为剧评或菊坛花边，除该报记者刘少少的稿件外，

梅兰芳与"梅党"中人在其京宅缀玉轩（左起：许伯明、齐如山、梅兰芳、李释戡、张厚载）

　　张厚载与梅兰芳、"梅党"领袖合影于梅兰芳北京宅中（左起：梅兰芳、冯耿光、许伯明、张厚载、李释戡、齐如山）

张厚载和署名"马二先生"的冯叔鸾，也经常为之撰稿。1915年该报移至上海发行，因舆论倾向"君主"，报馆曾两次遭到炸弹袭击。1916年3月随着袁世凯被迫取消帝制，报纸停刊。

《公言报》为著名报人林白水在好友林纾帮助下，于1916年9月与王士澄、梁鸿志、黄秋岳等友人在京创办的一张时政报。其鼓吹"武力统一"，资金来自皖系军阀段祺瑞的心腹徐树铮，因此该报被时人称为"安福系"喉舌。其副刊倒是办得古朴无华，经常有林纾的诗文发表。《亚细亚报》关门后，张厚载的剧评也多移此刊出。后来报纸因揭露政府欠薪、中饱私囊等内幕，于1920年7月被直系军阀勒令终刊。

张厚载在这两张报纸上的发稿情况，其在1951年4月付梓的《歌舞春秋》中曾有自述："余少时夙有剧癖，观后必记其剧目，系以评述，自民元（1912）及民九（1920）所记，均刊登于《亚细亚报》及《公言报》。"其中"民二（1913）至民七（1918），《亚细亚报》及《公言报》所载，已编为《听歌想影录》，（1941年）由天津书局出版"。

正是这种对京剧的痴迷和对梅兰芳的"情有独钟"，

不但让张厚载成为当时"梅党"中"捧梅""赞梅"的"健将"，而且其对梅兰芳有剧必评，有评必赞，每评每赞又都不吝笔墨的癖好，更是被同人誉为梅兰芳的"左右史"。

其友人著名戏曲家陈墨香当年便在《观剧生活素描》中说，在京城，"评戏文章，是光绪年间就有人作的，不过入了民国更为热闹。有个陈优优，在民三、民四时代评戏极负盛名"。这时期，还"出了一个周瘦庐，到处投稿，胆子真蠹，真敢说话"。与此同时，在京还有"浙人裘子元、吴人潘净源也作了不少戏评稿件"。此外，"天津各新闻纸，登载许多嫂子我的稿件，只因梨园有一种旦角，张嘴自称嫂子我。这几篇文字专评这一派的戏，所以署名嫂子我"。

但这些人与张厚载比起来，或文笔欠佳，或浅尝辄止。如北京那四位，"过了些时，优优回南，子元入了历史博物馆，净源皈依佛教。三个人评戏之文陆续搁笔"，剩下那个周瘦庐，则"因为热天出门搜觅稿件得了霍乱，夭寿而亡"。而张厚载不但始终情系梨园笔耕不辍，而且对梅兰芳更是凡事必录，堪称梅氏的"左右史"。对此，陈墨香是这样说的：

　　张聊止也是评戏的健者，笔墨是很好的。优优、子元等人都佩服他。聊止又同畹华一派朋友十分联络。凡畹华一举一动，聊止都打听得清清楚楚，明明白白，一点也不啰嗦，每作戏评总要谈到畹华的事迹。当日人们把畹华比作皇帝，聊止比作史官，左史右史，聊止一身兼任，简直是梅氏创业起居注。要考察二十年以来畹华在梨园的势力并戏剧变化，聊止的稿件大有关系，虽有人反对，到底打不破的。聊止总算评剧界里面一位特别重要人材。

　　将梅兰芳比作"帝王"，把张厚载喻为"史官"，而且还是左史右史一身兼，这虽是陈墨香的戏语，但张厚载对梅兰芳的成长和其艺术发展过程的关注与研究，已是不言而喻了。

"五四"前夕罹祸北大

1917年1月4日，49岁的蔡元培就任北京大学校长。到校第5天，他便向全校师生发表了著名的《就任北京大学校长之演说》，开宗明义指出：大学是研究高深学问的场所，"大学学生当以研究学问为天职，不当以大学为升官发财之阶梯"。他要求学生"抱定宗旨，为求学而来。入法科者，非为做官；入商科者，非为致富。宗旨既定，自趋正轨"。

同在1917年1月，在上海创刊已达一年的《新青年》杂志，于第2卷第5号刊出了留美青年胡适的《文学改良刍议》。一个月后，第6号旋又推出陈独秀的《文学革命

1917年5月归国前夕的胡适

胡适刊登在《新青年》上的
《文学改良刍议》

论》，中国现代史上影响深远的"文学革命"，由此拉开序幕。虽然一年前的10月1日，胡适在写给《新青年》主编陈独秀的信中，已明确提出文学改良"八事"，但将用新文学取代旧文学称为一场"革命"，并付诸实践，当从此时起。

与此同时，蔡元培本着"思想自由、兼容并包"的原则，在北京大学首先从文科进行改革。在辞退一批不称职的中外教师，续聘刘文典、辜鸿铭、刘师培、黄侃等固有儒士后，他还求贤若渴，广纳海内外拔新领异之才。旋即，携带着正办得红红火火的《新青年》，38岁

出任北京大学文科学长时的陈独秀

1917年2月1日天津《大公报》刊出了
林纾的《论古文之不宜废》

的陈独秀走进北大，成为文科学长。随后，周作人、胡适、刘半农、钱玄同、李大钊等一干学界精英，也先后受聘北京大学。

正是这些志趣相投意气风发的中青年才俊们的风云际会，为未来中国的走向奠定了基础。他们在新任校长蔡元培的聚合与默许下，迅速在北京大学将颇具锋芒的以文学革命为突破口的新文化运动推向了高潮。而作为他们眼中"选学妖孽"与"桐城谬种"的总代表，已辞去北京大学教习的林纾，自然成了"革命"目标。因为紧随胡适《文学改良刍议》，林纾于1917年2月1日在天津《大公报》发表了《论古文之不宜废》。虽然此文没有一句攻击"文学革命"的语言，但只是文章标题，便足以让胡适、钱玄同等人兴奋。

然而令新文学家们始料未及的是，尽管声讨在加剧，批判在升级，以林纾为首的旧文学营垒却始终不起来应战。对此郑振铎多年之后曾有过这样的描述，旧文人们"始而漠然若无睹；继而鄙夷若不屑与辩"。新文学家们"便好象是尽在空中挥拳，不能不有寂寞之感"。情急之下，《新青年》两位编委合演的一出"引蛇出洞"的"双簧戏"登场了。

"五四"前夕合演"引蛇出洞"之"双簧戏"的刘半农（右）
与钱玄同在孔德学校工作照

1918年3月，在《新青年》第4卷第3号的《文学革命之反响》专栏，刊出了钱玄同化名"王敬轩"所写"来信"和刘半农的《复王敬轩信》。前者总括了复古派文人的观点，历数提倡新文学者的罪状，并加以讽刺与漫骂；而后者则对前文进行逐段批驳和反击。随后，钱玄同又以"崇拜王敬轩者"为名致陈独秀书，讨论学理之自由权，并由陈独秀复信作答。由此造成两派针锋相对的"笔仗"局面。

此招果然奏效，首先是一位署名"戴主一"者，以《驳王敬轩之反动》一文为"桐城谬种"之代表曾国藩鸣不平，对《新青年》编者进行质问与责难。在遭到反击后，被时人称为桐城派古文家"殿军"的林纾，终于忍耐不住，站了出来。在其文章连续遭到新文学家们的驳斥后，他便于1919年二三月间，接连抛出了"恶意诅咒"新文学家的小说《荆生》与《妖梦》。中国新文学发展史上的第一桩公案，由此形成。

目前各种教科书与新文学史论，对这桩公案多从论战双方的观点上进行介绍与评判，对于事件发生的具体详情均略而不谈。其实林纾这两篇遭到新文学家们"口诛笔伐"的"著名"小说的出现，与张厚载有着非常密切的关系。对此，还要从蔡元培入主北京大学说起。

作为当时北大二年级的学生，张厚载应该知道蔡元培履新第一天，发生在校门口的"新闻"。因北大校长是大总统直接任命的要员，过去进校门时校役都须对其行礼，校长大人则是目不斜视而去。然而1917年1月4日蔡元培到校第一天，在校门口见到排列整齐、恭敬行礼的校役，他却下车脱帽鞠躬回礼。此等举动立刻成为"新闻"，在北大师生中扩散。而在张厚载就学的法科政治门，当这一"新闻"的余波尚未平息之际，1月9日蔡元培就职演说中的"入法科者，非为做官"之语，更是有如惊雷般地震呆了"门里"的师生。

张厚载虽然对毕业后当不当官，抱着无所谓态度，但他身边那些已在找门子寻仕途的同门，此刻都已惊慌起来，这种情绪对他影响很大。随着学校与法科的改革举措不断出台，他和那些原本准备当官的同学们一样，也在考虑着自己毕业后的出路。因此，这一年的上半年，他看戏不多，剧评写得更少。这从他后来结集的《听歌想影录》中可以体现出来。

是年8月29日，北京伶界联合在吉祥园为天津水灾举行义演，不但演员阵容强大，而且剧目也非常"叫座"。这样的阵势实在诱人，张厚载最终没能抵住诱惑。他在依次看过高庆奎、裘桂仙、俞振亭、程继仙、王凤卿、姚玉芙等名伶的剧目后，终于等到了梅兰芳的《黛玉葬花》。观后他在报上撰文，高度赞誉此剧艺术成就后，又写道，"是日梅兰芳捐洋二百元，俞振亭捐洋百元，既牺牲剧艺，卖尽十二分气力，复捐巨款，以资提倡，伶界具此热心，吾人对之，倍滋惭恧，惟有濡毫伸纸，志其善举而已"。不仅赞艺，而且赞人赞德。

很快，这篇一千六百余字的剧评便传到了蔡元培手中。同时，蔡元培还听说了法科这位常年光顾戏园，既"捧角"又在报上写剧评的学生，在梨园界甚至在戏迷中颇有影响。在反复看了文章并进一步对张厚载有所了解后，他决定找这位"年少才高"的学生谈一次话。对此，张厚载后来曾有披露。1951年4月15日上海《亦报》刊出了署名于苍的一篇文章，其文云：

　　谬子先生来信，述及一九一九年他在北大被开除的经过，他认为我上月所写《林纾与张厚载》一文，大体上是正确的。他其时替北京报纸写剧评，

担任北京大学校长时的蔡元培

最初还得到蔡孑民校长的称许，蔡先生找他去讲话，
告诉他：大学生应该有这样的校外活动。不过劝他
要旷观域外，对欧美戏剧的源流和发展，也应作一
研究。

据此可知，具有"兼容并包"思想的蔡元培，认为
课外观剧写评论是大学生的正常活动，而且应该提倡。
他不但不反对张厚载课余看戏写剧评，而且还鼓励他要
开阔视野，除中国戏曲之外，还要研究国外尤其是欧美
的剧艺。得到校长的鼓励，张厚载的剧评写得又勤了。
他不仅对梅兰芳的表演艺术进行了系统的研究，而且还
将视角扩展到其他菊坛名伶。举凡当年享誉京华的京剧
名角，如杨小楼、余叔岩、王瑶卿、孙菊仙等，无不涉
笔成章。

经过近一年的酝酿和准备，1918年初，蔡元培对北
京大学学科的改造开始了。

据陶希圣后来在一篇怀念蔡元培的文章中讲，"民国
六年蔡先生来了之后，他就把制度改了。他认为北京大
学应该注重理论的科学，设文、理、法三科（学院）就好
了，把北大的工科移交（天津）北洋大学，而把北洋大学

的法科挪到北京大学。中国大学的法科也归并起来。这是民国七年的事。我那时由预科升法科法律系一年级"。此外他还追忆说，"法科原来三年，这时改为四年。预科则改为二年"。

这样的改革对法科三年级学生张厚载来说，有些不划算。按照新学制，他不但多上了一年预科，而且还要多上一年本科。这让他感到郁闷，于是他便将精力更多地转向了看戏和写剧评。而且在课外他还有了兼职，成了北京《晨报》和《公言报》戏曲栏目的特约撰述，同时还被上海《神州日报》与《新申报》聘为驻京通讯员。

当然，促使他这样做的更重要原因，是校长蔡元培对他的支持和鼓励。从他这一时期所写的有关戏曲文章看，可以明显感觉到捧角的内容明显减少，代之以业态述评和戏曲知识的讲解。如果照此发展下去，他很有可能成为日后任中敏、王季思那样的戏曲研究大家。

但可惜的是，正是由于对戏曲的熟稔与热爱，在一次偶然的冲动下，他给如日中天的《新青年》写了一封长信，在对"文学改良"做了一番褒贬后，还顺带为老

1915年9月《新青年》在上海创刊，当时还叫《青年杂志》，此为创刊号

《青年杂志》从第二卷第一号易名为《新青年》

师辈的胡适、刘半农、钱玄同等人对戏曲的"误解"，进行了指谬，结果不但遭到"文学革命"风云人物的群起"围攻"，而且还在阴差阳错间卷入了中国现代文坛第一公案之中，并最终落得个在毕业前夕被北京大学开除的结局。

而这些"后果"的出现，都需从具有思想光芒和青春力量的《新青年》说起。

陈独秀将《新青年》带进北大后，在蔡元培的支持下，胡适、钱玄同、李大钊、刘半农、沈尹默等，也相继加入了编辑阵营，使得杂志无论是内容还是形式，都有了显著变化。1918年1月出版的第4卷第1号，堪称杂志"改头换面"的开始。从此期起，整个刊物只登载白话文，同时不再接受外界自由来稿，成为一份只采纳内部稿件的"同人刊物"。随后，编辑部还实行了轮流编辑制度，每出一期就召开一次编辑会议，商定下期稿件内容和主要撰稿人。

但出人意料的是，在当年6月15日出版的《新青年》第4卷第6号上，《通信》栏罕见地刊载了一篇两千五百余字的长信《新文学及中国旧戏》，其作者则是既为北大学生又兼知名剧评家的张厚载。更让人想不到的是，在此文的后面，还分别登出了胡适、钱玄同、刘半农、陈独秀四位"文学革命"斗士每人所写数百字的跋语。《新青年》的编者不惜拿出如此篇幅刊载关于中国旧戏问题的讨论，四位编委肯屈尊与一位拥戴林纾之学的在校学生"同日而语"，绝非一时动议，是有一定原因的。

在此之前的1917年5月，胡适曾在其《历史的文学观念论》一文中提及："昆曲卒至废绝，而今之俗剧乃起而代之。"此话本来不错，但毛病出在他自己在"俗剧"下又加注一句"吾徽之徽调与今日之京调高腔皆是也"。其实高腔即弋阳腔，它和昆曲一样，早被所谓"俗剧"所取代，因此高腔代替昆曲之说便不能成立。张厚载便据此写文，向胡老师指出这一点。然而胡适却强辩说，他所说的高腔，是指四川的高腔，不是指弋阳腔的高腔。随后，刘半农、钱玄同等也纷纷起而作答，相互帮衬，指责中国旧戏种种弊端，硬说京戏"全废唱本而归于说白"是可能的，并发表文章，对中国戏曲进行了全盘否定。

这便不能不引起张厚载的强烈不满，于是他便写了一封长信寄给《新青年》，在对新文学提出个人见解后，又为中国旧戏进行了申辩。

可想而知，正在为否定中国旧戏后，因无人"接招"而着急的《新青年》的几位编委，在接到此信时的神情和态度。经过一番策划和准备，张厚载这封长信便以《新文学与中国旧戏》之名，与胡适等人的跋语一同刊登在了《新青年》第4卷第6号上。跋语中，胡适、钱玄同、刘半农分别对张厚载的指谬进行了"回击"。而未被张厚载"挑毛病"的陈独秀，则是在"高屋建瓴"地否定中国旧剧的同时，也间接地否定了张厚载的言论。

此期刊物面世后，旋即引发学界热议。钱玄同、刘半农等人对此既不屑又气愤，故而继续在《新青年》撰文抨击甚至咒骂中国戏曲。而胡适表现得颇为绅士，他"欢迎"不同意见，先是给张厚载写了第一封信，让其撰文把中国旧剧的优点和"废唱用白不可能"的理由充分阐释清楚。当张厚载遵嘱将这篇文章写好并刊于《晨钟》报后，旋即又接到了胡适在病中写来的第二封信，针对其观点，胡博士再次阐明了旧剧"不能叫人感动"和必须"废唱用白"的理由。张厚载阅后立即给胡老师回信，在重申旧剧"废唱用白"是"绝对的不可能"的同时，又对胡适所言"废唱工，用说白"的"白话"提出疑问。

胡适见此，认为可以展开一场有更多人参与的关于中国旧剧的讨论。因当年10月出版的《新青年》第5卷第4号恰逢他轮值责编，于是便组织了一批俨然是"戏剧改良专号"的稿件，除自己阵营里的人之外，他还给张厚载写了第三封信，"礼贤下士"地约其再撰长文为中国旧戏做辩护。

可是正当张厚载埋头写文章时，当年8月出版的《新青年》第5卷第2号上，却刊出了刘半农与钱玄同之间的通信。其中钱玄同写道：

> 适之前次答张豂子信中有"君以评戏见称于时，为研究通俗文学之一人，其赞成本社改良文学之主张，固意中事"。这几句话，我与适之的意见却有点反对。我们做《新青年》的文章，是给纯洁的青年看的，决不求此辈"赞成"。此辈既欲保存"脸谱"，保存"对唱""乱打"等等"百兽率舞"的怪相，一天到晚，什么"老谭""梅郎"的说个不了。听见人家讲了一句戏剧要改良，于

是断断致辩，说"废唱而归于说白乃绝对的不可能"，什么"脸谱分别甚精，隐寓褒贬"，此实与一班非做奴才不可的遗老要保存辫发，不拿女人当人的贱丈夫要保存小脚同是一种心理。简单说明之，即必须保存野蛮人之品物，断不肯进化为文明人而已。

张厚载读罢此信，愈发觉得对方粗暴过甚，因此他笔下对中国传统戏曲的"辩护"，也就越写越多，足足写了近五千字。但他不知，这里面其实有诈。这个"诈"，则是来自胡适。1919年2月中旬，钱玄同致信胡适，对他此番约张厚载写文章进行指责：

至于张厚载，则吾期期以为他的文章实在不足以污我《新青年》（如其通信，却是可以）；并且我还要奉劝老兄一句话：老兄对于中国旧戏，很可以拿他和林琴南的文章、南社的诗一样看待。老兄的思想，我原是很佩服的，然而我却有一点不以为然之处：即对于千年积腐的旧社会，未免太同他周旋了。平日对外的议论，很该旗帜鲜明，不必和那些腐臭的人去周旋。老兄可知道外面骂胡适之的人很多吗？你无论如何敷衍他们，他们还是很骂你，又何必低首下心，去受他们的气呢？

写罢上述话语，钱玄同还觉得不出心中之气，遂又言明，《新青年》如若再刊发张厚载之文，他便脱离该刊物。面对钱玄同的责难与摊牌，胡适便也不再隐瞒，遂将他当初设套约张厚载写文章的秘密和盘托出。在2月20日回复钱玄同的信中，胡适说道：

> 至于老兄以为若我看得起张镠子，老兄便要脱离《新青年》，也未免太生气了。我以为这个人也受了多做日报文字和少年得意的流毒，故我颇想挽救他，使他转为吾辈所用。若他真不可救，我也只好听他，也决不痛骂他的。我请他做文章，也不过是替我自己找做文的材料。我以为这种材料，无论如何，总比凭空闭户造出一个王敬轩的材料要值得辩论些。老兄肯造王敬轩，却不许我找张镠子做文章，未免太不公了。老兄请想想我这话对不对。我说到这里，又想起老兄是个多疑

的人，或者又疑我有意"挖苦"。其实我的意思只要大家说个明明白白，不要使我们内部有意见就是了。

这便是胡适的圈套。日本学者樽本照雄在其专著《林纾冤案事件簿》中认为，"胡适利用张厚载，只是出于表述自己的主张的目的，并没有真正讨论的打算。张的意见如何，从一开始就是无所谓的，只是装作讨论而已"。因为在此之前，胡适有关戏曲的论述反应不大，"不能形成讨论。可以理解，当真实存在的活人张厚载出现之后，胡适是多么的高兴"。

此外，从上述文字也不难发现，到了1919年春天，在新文学阵营里，胡适与钱玄同之间不但矛盾很深，而且已发展到互相指责和互怼了。而其中的焦点之一，便是如何对待张厚载。

然而可叹的是，对于老师辈的"矛盾"和所下圈套，作为学生，张厚载却是浑然不知。此刻，他已将胡适第二封信所约为中国旧戏辩护的长文写好寄了出去。

1918年10月15日，《新青年》第5卷第4号如期推出。除张厚载五千字长文《我的中国旧戏观》外，还刊发了胡适近万字的《文学进化观与戏剧改良》，以及在校学生傅斯年的两篇长文《戏剧改良各面观》《再论戏剧改良》。此外，在《通信》栏还登出了张厚载的来信《"脸谱"—"打把子"》。可以说，论辩的双方都充分地发表了意见。虽然胡适文章写得温和，傅斯年则为文生猛，但他们师生都对张厚载之文进行了反击。相比之下，张厚载的文章更显得平心静气，他将中西戏剧相比较，指出中国戏曲的特性，是两种不同演剧体系的根本区别使然，则让人能够心悦诚服。

在同期刊物上，欧阳予倩、周作人、刘半农等，也均有文章出现，而且都是一面倒地否定中国旧戏。

这便是张厚载的悲剧，不但夹在两个风云人物之间，被推来搡去，而且还因与其争辩、阐述自己的"真知"，而遭到新文化精英们的群起"围攻"。这种"有理无处说"的局面，让年轻气盛的张厚载实在难以接受，无奈之下，他只能抱着满腹委屈走进了林纾的家门。

自1913年与北京大学魏晋文派势力不相和睦，愤而辞职后，林纾便不再过问学校里的事情，而是埋头著译。这种平静生活被打乱，是近一年的事。新文学家们在痛贬古文、旧戏的同时，还时时捎上他，贬斥其文章文理

"复古派"文人林纾

不通，讥笑他的翻译"半点儿文学的意味也没有"。这未免让他动气，于是他便无法再保持沉默了。但他并没有轻举妄动，他在等待着契机。恰在此时，弟子张厚载登门了，而且也确实给他带来了机会。

张厚载在向恩师一吐心中怨气之后，便将上海《新申报》托他这个驻京通讯员约林纾写稿一事讲了出来。用聊斋体的小说形式去回敬新文学家，应该是林纾老谋深算的结果。因为嬉笑怒骂挥洒自如的小说家言，既可将心中憋闷已久的积怨和愤怒发泄出来，又或许能产生一系列无法言说的效果。况且作这种游戏之作，又恰是自己笔下所长。于是，他便将一组名为"蠡叟丛谈"的文言短篇笔记小说交给了爱徒，其中就包括随后引起轩然大波的《荆生》。

1919年2月17日至18日，《荆生》作为《蠡叟丛谈》的第34和35篇，被上海《新申报》刊登出来。小说以田其美、金心异、狄莫三人分别影射陈独秀、钱玄同、胡适。写他们在北京陶然亭边饮酒边攻击古文，其言论触怒了一窗之隔的"伟丈夫"荆生，三人在遭到责骂和痛打后，狼狈逃下山去。全文最后借蠡叟之口所讲的跋语，确有挑动军阀出面镇压白话文运动之嫌。

此文一出，学界大哗。尤其在北京大学，从校长蔡元培，到钱玄同、胡适、李大钊诸教授，无不愤慨异常，纷纷撰文予以抨击。

随后，林纾又写出小说《妖梦》。此次他采取"擒贼先擒王"之策，骂的是白话学堂校长元绪（蔡元培）、教务长田恒（陈独秀）、副教务长秦二世（胡适）。说他们在阴间提倡白话文，被一个罗睺罗王吃掉，"食已大下，积粪如丘，臭不可近"。

然而此文写出刚刚由张厚载转寄上海，林纾便接到蔡元培来信，约其为明代遗老刘应秋遗著作序。这让他大感意外，纵容陈独秀、胡适等搞文学革命的蔡元培，竟然肯帮忙刊印明儒遗著，他遂心生敬意。慌乱中，他一面给蔡元培赶写复函，以询问写序为由，从正面立论，长篇大套地恳请其阻止"废纲常兴白话"；一面又急告张厚载，让他赶紧追回那篇诅咒蔡元培的《妖梦》。然而终因时间不及，未能如愿。

其间，年轻气盛的张厚载还惹出了一桩让他后来付出沉重代价的事件。在当年的二三月间，他以"半谷"为笔名，在上海《神州日报》的《学海要闻》专栏连续发表通信，称北京大学即将改组，陈独秀、胡透、陶履恭、刘半农等人已被学校驱逐，并遭政府通缉，其中陈独秀已逃到天津云云。这些言论让人们颇感震惊，在北京大学及京沪思想文化界造成极大混乱。对此，陈独秀、李大钊等《新青年》编委纷纷撰文，予以谴责。

就在这纷乱之际，1919年3月18日至22日，《妖梦》作为《蠡叟丛谈》的第44至46篇，在上海《新申报》连载了。此文见报当天，北京《公言报》也刊出了林纾的

1919年3月21日《北京大学日刊》登出了蔡元培与张厚载的私信

《致蔡鹤卿书》。

面对林纾的公然侮辱与叫板，蔡元培终于出手了。他在当天便撰写了《答林君琴南函》，刊在三天后出版的《北京大学日刊》上，并将林文附录于后。文章对林纾的言论逐一批驳，态度坚决，义正词严。而在此前的3月19日，《北京大学日刊》已刊出《蔡校长致神州日报记者函》，针对自二月份以来张厚载在报纸上的"造谣"进行驳斥："半谷通信中所谓陈独秀、胡适、陶履恭、刘复以思想激烈，受政府干涉等等，纯属谣言。"

看到蔡校长对林纾与自己的批驳，张厚载坐不住了，他已预感到将要大祸临头。于是便急急上书蔡元培，自行检举，承认林纾两文均是应他之约并由他寄往上海《新申报》的，并愿承担一切责任。爱才心切的蔡元培虽对他异常恼火，但虑其人少才高，在回信中虽切责其言行不能爱师爱校，但信末仍有"往者不可追，望此后注意"之言，似乎尚无进一步惩罚之意。但学校评议会却认为，张厚载的言行已构成对学校肆意诽谤和损坏校誉之罪，遂做出将其赶出北大的决定。

1919年3月31日，《北京大学日刊》登出了一则《本校布告》：

　　学生张厚载屡次通信于京沪各报，传播无根据之谣言，损坏本校名誉，依大学规程第六章第四十六条第一项，令其退学。此布。

　　此时张厚载仅差两个月即毕业，见此他急忙面见蔡元培，请求减免惩处。蔡元培虽对他心怀恻隐，但学校评议会的决定又不便更改，于是便让他去找评议会负责人胡适。胡博士对此学生早就领教过了，对其近年言行自然"心中有数"，于是又将他推回校长处。据张厚载晚年回忆，当时全班同学集体替他请愿，在未获通过的情况下，他又通过师长求到当时教育总长傅沅叔，傅为此曾向北大写信，但也未能奏效。此时他看到处罚决定上，有"在沪报通讯，损坏校誉"之言，遂函请《新申报》出面辩解，并列举其所作通信篇目，证明没有一个字构成"损坏校誉"，然而结果仍是没能免除处分。

　　哀其不幸，痛其不悟的蔡元培此时也是心情复杂。在其离校之际，再次将他叫到校长室，交给他一页成绩证明书，叫他立即赶往天津，去北洋大学报到，并告诉他已与该校联系好，办妥转学手续后，仍可在本学期毕业。

然而事情至此，张厚载已是万念俱灰，他在谢别蔡校长，悻悻与同窗话别后，便依依不舍地离开了北大。但他没去天津北洋大学报到，而是隐居市井，过起了闲人生活。对于张厚载的结局，林纾也是无能为力，只能在他的文集中再添一篇《送张生厚载出北大序》了。

就在张厚载离别北大不久，震惊中外的五四运动爆发了。也就是从此时起，新旧文学的论战也宣告结束，以鲁迅、周作人为代表的新文学家们以毋庸置疑的位置取代了林纾等复古派文人，中国文学由此掀开了新的一页。

为避祸端再入津门

当各种努力都无法挽回既成事实之后，张厚载倒有了一种解脱感。据他两年后自述，虽然未能如期毕业，但他已视"学校文凭"为"无足轻重者"了。在将蔡元培给他的成绩单和转学手续收藏好后，他很快便回到了"黄学会"的票房中，在正乙祠痛痛快快地唱起了京戏。

可以说，1919年的下半年，是张厚载最无忧无虑的票戏时光。不但没有了学业压力，而且生活也是优哉游哉。毕竟此时双亲健在，尤其是父亲张颉蓂供职官衙，无论是薪酬还是社会能量，都可以保障他在衣食无忧的前提下，再找个不错的差事。

对此，他在1944年所写《玩票琐忆》中曾有披露。当他在票房学会了多出剧目后，便可以串演一些角色了。一日，"岱老临时嘱余串演《卖马》（时岱老任币制局总裁，余任局中编译），且约名丑张文斌，为配店主东"。并回忆说，在"堂会戏中，余亦偶而登台，且有两次离京出外之堂会"。一次是到"通州果仲宇君宅中，与杨润甫合演《借赵云》"；另一次则"自京赴津，至张岱杉总长宅中祝寿"。

据此可知，走出北大后，在"黄学会"票戏期间，张厚载已有了公干，是在"岱老"任总裁的币制局中担任编译。至于这个差事是其父的关系还是他自谋，目前已无法考证。

检索史料可以发现，晚清和民初均有币制局存在。宣统元年（1909），晚清政府开设币制改革部门，隶属度支部。转年经盛宣怀奏请改称币制局。因张厚载加入"黄学会"的时间是"民国初年"，因此他肯定不是在晚清币制局做编译。进入民国后，北洋政府又于1914年3月再次设立币制局，委任梁启超为首任总裁。但梁氏不久即卸任，而在此后的几届币制局总裁中，均无"岱老"之人。直至1920年，曾任北洋政府财政次长的张弧继任此职，"岱老"方才出现。

张弧原名毓源，字岱杉，出任币制局总裁时年已45岁，这个岁数在当年20多岁的张厚载眼里，足可称"老"。因此，他所说的"岱老"，应是张弧无疑。其旁证则是，作为"黄学会"的"主演"，他还曾到顶头上司张岱杉在天津的宅子唱过堂会。

搞清了"岱老"是谁，便可知道，或在1920年，或在此后不久，张厚载曾任职币制局编译，这倒也符合他在大学学过外语的经历。由此亦可知晓，当年北京西河沿票友团体"黄学会"（后改称"熙春会"）存在的年头很长，参会人员身份复杂，甚至有像张弧这样的政府要员。而张厚载则是无论上学期间还是谋职后，都始终是这个票友团体中的骨干。其老友陈墨香便在《梨园外史》里说："聊止、梅岑都是正乙祠中坚人物。"

"玩票"的日子虽然让张厚载感到兴奋，但也时有烦恼出现，对此陈墨香亦有回忆：

> 张聊止在报上捧包丹亭文武昆乱俱佳，并没有说别人不行，不想有一位老票友见得丹庭，问道："张聊止楞夸你文武昆乱不但不挡，并且都好，可是

实情？"丹庭谦逊道："那是聊止过奖。"这老票友把脸一扳道："我早知你不行，连我还不敢自称不挡呢，何况你是末学新进！"于是叫着聊止的名姓派了聊止许多不是，气哼哼的走了。你猜怎么着？那天聊止并没有在座，丹亭也没把他当事，但是票友吃这个味儿的非常之多，不止这一位。俗语道的好，会唱的唱戏，不会唱的唱气。票友们都自命亘古无双，只准有自己，不准有别人。自己学了这一工，再有人说犯了路子，就和他不共戴天。

有了这种事情，张厚载便觉得"黄学会"人多嘴杂，遂减少了玩票次数，而是将更多精力放在了戏曲研究和梨园史料的搜集上。

1925年张厚载30岁出头，已过了谈婚论嫁的年龄。关于他的婚姻状况和子嗣存续，目前史料匮乏。能够见到的，只有1930年7月天津《北洋画报》在纪念创刊四周年时，曾刊出的部分编者照片和画像，其中有他与一位中年妇女在天津同生美术部所拍合影，下方标注为"张镠公与张朱淡芗"。据此可知，此时他已结婚，夫人姓朱名淡芗。

1930年，张厚载与妻子朱淡芗合影于天津

至于迎娶时间，虽然未见记载，但从他后来回忆"民十五年，移家来津"看，应是在北京上学期间或被北大除名不久。由此推算，1925年张厚载已有了家室。而就是在这一年，他家遭遇了"祸事"。

《歌舞春秋》是1951年付梓的，张厚载在该书《序三》中云：

> 民十四至十六年，因双亲先后弃养，迭遭大故，忧伤憔悴，家计身谋，不遑宁处，已而饥躯赴津，此后与燕市歌场，遂尔暌隔。

这段话有些说得具体明白，有些说得含糊不清。

首先，其明白无误告诉人们的，是在1925年至1927年间，他父母已先后谢世。具体到谁先谁后，他虽然未讲，但从其他史料中亦可推断求证。

1926年12月29日，《北洋画报》刊出的"松公"所撰《记张宅开吊》写道，"张谬子君以父丧在京寓开吊。是日余充招待之职，略记所见，以当报告。谬子之尊人颉篯先生，久官蒙藏院，因欠俸逾万金，抑郁以终，故各方面所赠挽联，多寄悲愤之意"。而挽联中，"以姚华及郭则沄、许宝蘅诸联最佳"。此则消息对张厚载父丧的年月、原因及吊唁规模等，均进行了报道，唯独没有写明的，是张父逝去的具体时间。但查阅相关史料，还是能有所发现。

据《许宝蘅日记》记载，1926年12月5日，其"写挽张颉篯、陆亮丞联"。由此可知，张厚载的父亲张颉篯或是故于1926年12月5日，或是此前几日。《北洋画报》12月29日方才报道"开吊"之事，显见是迟到近一月的消息。其原因或是因为文稿上版时间延误，或是因为丧事被某些事情拖延，停灵时间过长。联系张厚载随后所写文字，后者的可能性更大。如此这般，张厚载料理完父亲的丧事，也就到了1927年。

　　既然父亲是死于1926年底，那么按张厚载所云"民十四至十六年，因双亲先后弃养"这一时间段推算，其母亲肯定是逝于此前的1925年，而且是在4月或以后。因为当年4月10日，张厚载还在为天津《大公报》副刊《剧谈》栏撰稿《唱功之需要——需要讲究字音》。

　　对于其父母故去的地点，虽然未见任何披露，但也可以据相关史料推定。从张厚载的回忆中已知，1926年他方"移家来津"，那么其母故于北京应该是肯定的。至于其父是逝于京城，还是随他"移家来津"后逝于沽上，从许宝蘅写挽联一事亦可知晓。许宝蘅几十年间一直活跃于北京官场，1926年底，身为北洋政府内务部秘书的他，于宅中同时为死于京城的史学家陆亮丞（陆绍明）和张颔镟写挽联，便足以说明张颔镟也是死于北京。而且张厚载为其父办丧事，亦是"在京寓开吊"。具体地点，便是京城"西河沿一九一号"紧邻正乙祠的那座豪宅大院。

　　其次，便是含糊不清的"迭遭大故，忧伤憔悴，家计身谋，不遑宁处"之句。

　　"迭遭大故，忧伤憔悴"虽说得概括抽象，但还容易理解。继前一年，亦即1924年10月9日，其恩师林纾病故后，其父又因蒙藏院"欠俸逾万金"而忧愤成疾，随后因其母在1925年病故，其父亦在1926年底"抑郁以终"。三年之内，其恩师和父母先后夭亡，再加上其父欠薪"逾万"造成的家庭负债，遂让他这个长子的身心既"忧伤"又"憔悴"。

而"家计身谋，不遑宁处"则是让人费解。

是因为父母故去方才造成如此结果，还是遭遇如此变故方才使得父母双亡，此为费解之一。究竟是发生了何等变故，方才造成其无论是家庭还是自身，都处于一种惶惶不安难有宁日的境地，此为费解之二。

联想到他在另一篇回忆中所云，1926年以前，他家住在京城"西河沿一九一号"，但这座紧邻正乙祠的豪宅大院，在1926年以后则"已归名医汪逢春所有"，并被标为"公产"，我们便很容易就会产生如此想象：在父母去世的前后，他家除遭遇"欠俸逾万金"的变故外，肯定还遇到了其他难以言说的灾难，以至造成"人亡家破"，最终豪奢的深宅大院也被迫充公易主的结局。

1927年7月，《北洋画报》纪念创刊一周年时，作为编者之一，张厚载曾作诗云："提起当年泪不干，光阴一去不复还。一事无成两鬓斑，连来带去十八年。"
并注解道："《北洋画报》一周纪念号要登同人儿童时
代的照片，在下恰有一张十五岁时的小照，很想题几句
话，但是一回想到从前的事情，无限辛酸，更不知从哪
里说起。"

可以肯定地说，此中所言的"泪不干""无限辛
酸""不知从哪里说起"等语，既是对当年被北大开除
而言，又体现出新近家庭"迭遭大故"后的"忧伤"与
"憔悴"。当年父母健在时的豪宅大院、锦衣玉食生活，
瞬间化为乌有，岂能不让他泪流不止、无限辛酸。

此外，"已而饥驱赴津，此后与燕市歌场，遂尔
暌隔"，亦好理解。他已在不同的文章中，多次言及，
1926年移家来津后，便告别了北京的票友与票房。至于
1926年他为何要移家来津，其老友张古愚晚年曾有披露，
"张被北大除名的消息传到梅兰芳那里"，梅兰芳"便请
冯六爷（耿光）设法照顾张缪子。冯耿光是中国银行总
裁，凭冯的一句话，张缪子就进了中国银行"。原因虽如
此，但此前此后的过程，却鲜为人知。

中国银行的前身是1905年8月在北京成立的大清户
部银行，1908年改称大清银行。民国元年（1912）大清银

冯耿光（右）与梅兰芳

行易名中国银行，具有中央银行的性质。其首任正监督
（后改称总裁）是1926年在天津重组新记《大公报》时任
社长的吴鼎昌，后经十几任总裁更替，到1918年初，曾
在外交和金融界大显身手的王克敏继梁启超后出任财政
总长时，遂将自身兼任的中国银行总裁一职，让给此前
曾在军中任职的乡人冯耿光。因冯耿光与时任北洋政府
代理大总统冯国璋有袍泽之谊，故颇受重用，很快便成
为彼时中国金融界权利最高者。

　　然而好景不长，随着1919年底冯国璋的早逝，冯
耿光不但失去了政治靠山，而且还受挤兑风潮影响而
被迫辞去中行总裁之职，退居董事。于是他便将更多
的精力投到对梅兰芳的辅佐上。这一时期，也是他和
吴震修、李释戡、张厚载等"梅党"同人接触最多的
时候。

　　当时光到了1925年，张厚载家开始了"迭遭大
故"。从他后来的行止看，当时不但父母双亡，而且他
还丢了币制局的差事。无奈之下，刚过而立之年的富家
阔少张厚载，开始为生计奔走。其间了无结果的"家计
身谋"已搞得他整日"忧伤憔悴"，再加上他还因某种
重压而时时感到"不遑宁处"，因此，不但剧评辍笔了，

而且戏院也是无心光顾，甚至"与燕市歌场"，亦因此"暌隔"。

张厚载家的遭遇，很快便让老朋友梅兰芳知道了。作为江湖中人，讲义气的"梅郎"为此非常焦急，于是便转托能量颇大的冯耿光想办法。冯耿光经过反复权衡，认为北京已不是张厚载的久留之地，遂将他荐往天津，投奔中国银行天津分行总经理卞白眉。因冯耿光是卞的老上司，对其曾有知遇之恩，故卞氏立刻安排张厚载做了行内文书。

就这样，在1926年的初夏时节，张厚载孤身一人来到天津，端起了金融界的"金饭碗"。然而不足半年，其父的病情便急转直下，最终于当年12月初于京城"抑郁以终"。张厚载应该是在父殁之前，便赶回了北京，在料理完父亲丧事，又在种种祸事的重压之下，无奈中只得将京城西河沿191号的豪宅大院易主。旋即，在安顿好弟弟一家后，他便携家眷重新返回了天津，于法租界杜麦路（今丹东路上大沽路至和平路段）赁房而居，由此开始了他的第二次津门"避祸"生涯。

中国银行天津分行地处法租界巴斯德路（今赤峰道）与巴黎路（今吉林路）相交处，与张厚载的居所近在咫

当年位于法租界巴斯德路（今赤峰道东部）与巴黎路（今吉林路）相交处的中国银行天津分行

尺。离此不远，便是当时正在成为天津首善之地的梨栈大街。此时为了平息纷乱的心绪，张厚载还给天津新居起名"养拙轩"，意为韬光养晦，自此收敛公子哥个性。此后的时日，这个斋名便始终伴随着他，无论是在津门，还是后来奉调沪上。

1926年的天津，与张厚载一家首次来此避难时相比，已有了显著变化。经过十余年的畸形发展，这座北方商埠已以空前的速度跻身于国内大都市之列。

究其原因，一方面是租界中各国侨民的大量涌入，在将西方文化与生活方式带入的同时，为满足其生存必需，各式洋楼、商厦、银行、餐馆、饭店、影剧院，也纷纷拔地而起，灯红酒绿间，形成风格各异的城中之城；另一方面，伴随着天津商业隆兴与各种制造业的兴盛，天津周边大量游民迅速会聚于此，他们在弃农务工商的同时，其生存需求又激活了民间商品市场，使津沽一跃而为商埠要市；此外，北洋政府走马灯式地你方唱罢我登场，也造成众多遗老遗少、下野首脑以及大量政客、军阀、买办、寓公等，此时期相继在津购地筑宅，无论是他们的政治需求还是生活需要，都使得此时期天津的金融、商业、城建、交通、通信、传媒、娱乐等行业，达到空前繁荣，成为远东仅次于上海的摩登都市。

尤其是张厚载此番租住的法租界梨栈周围（今和平路与滨江道相交周边地区），由于商业骤然隆兴，已将昔日买卖兴旺的北门外、东门外一带商家，通过日租界旭街（今和平路上锦州道北段，1911年张厚载一家来津避难便在此街段租住），相继吸纳过来，使该地段从20世纪20年代中期开始，便迅速繁盛。

其实，对天津由城市到都市的这番变化，此刻到津谋职的张厚载并不感到惊奇，他对这座商埠传奇般的崛起，是目有所睹的。除了1912年前后曾在沽上有过短暂的避难及求学经历，在此后的十余年间，他还曾多次光顾津门，甚至有时盘桓多日，顾曲玩票的同时，捎带着访友谈艺。对此，后来他转职交通银行后的同事、戏曲名家许源来曾有追忆：

> 民十左右，余与家兄姬传，同客津门，往返朋侪，咸好剧曲，其中意气相投，尤称莫逆者，张镠子君，亦其一也。余初识君于韩慎先之夏山楼座上，其后冯武越在津，办《北洋画报》，余与家兄，时

往谈宴，君亦必同座。未几余与君，又先后皆入交行服务，把晤益频，交谊益厚。君笃嗜戏曲，民初在京，曾从老伶工王福寿学文武各剧，后在津，又从笛师徐惠如拍曲，顾深自谦抑，不肯稍炫所能，朋辈欲聆其歌，必强而后可。

由此可见，离开北京大学后，在1926年之前，张厚载是频繁往返于京津之间的。

许源来回忆初识张厚载的夏山楼，是当时北方京剧名票韩慎先在津居所。而其提到的办《北洋画报》的冯武越，则是冯耿光的亲侄子。此人自幼聪慧，13岁便自办誊写版《儿童杂志》。因头长且尖，颇似笔头，日后又从事写作，故别名"笔公"。他16岁负笈法国，后赴比利时、瑞士学习航空机械和无线电，曾漫游欧美各国。1921年归国入职北洋政府下属机

创办《北洋画报》的冯武越

练兵当练其心

记福岛中将谈武事

谬子·

近读况蘷笙先生笔记，日将论中国武事，谓日本福岛中将者，近来中国讲求武事，胥随小村大使赴京，谓我国人名其人武勇，壮年时，尝以单骑环游地球，因是知本其人武勇，壮年时，尝以单骑环游地球，因是知本练兵者，未必於形式上讲求，日不眠给精神上讲求言。其身心也。夫服装整齐，步伐有忠惘，所谓言。

近日招募兵谊，必死之念，此论诚至三月可举事，此非暧暧不心事也。嗟夫异此自幼教育之业，全国皆同此爱念之至。

济时报，常以福岛练心之说，奉为主臬矣。更何有於精神，两三月可成岛合按福岛，此论精审之至。近日招募兵谊，必死之念，立必死之念，上且未讲起而匡求。两三月可成岛，此论精审之至。

《北洋画报》创刊号上刊发的张厚载文章

《北洋画报》创刊号

关，公余喜办画报。1925年夏，因出任天津《益世报》总监察兼撰述，遂移居津门。

1926年7月7日，冯武越在妻弟赵道生相助下，于天津独自创办了被时人称为北方画报中最美最雅的《北洋画报》。报馆初设法租界廿七号路（樊主教路，今新华路）华卫里六号，后数度搬迁，最终定址于法租界蓝牌电车道（今滨江道与和平路交口以东）北廿三号路（今杨福荫路）。

也就是在此前不久，张厚载来到天津，入职中国银行天津分行了。由于冯耿光的关系，他很快便和冯武越成为好友。又由于他租住地址和任职银行均距《北洋画报》编辑部不远，故而闲暇之时，他不但帮筹办中的画报组稿、编稿，而且还执笔为创刊号写下了平生首篇不是谈艺而是谈武的时评《练兵当练其心——记福岛中将谈武事》。

从目前所见史料看，这应该是张厚载二次居津后所发首篇文章。以此文为标志，移津后的张厚载，不但从此跻身津沽报业，而且旋即便被冯武越"任命"为《北洋画报》首任兼职"主编"。其间，他因工余经常泡在编辑部，还由此结识了一批前来帮忙、谈宴的京津文人。

兼职《北洋画报》时的王小隐　　　　吴秋尘画像

其中，最先熟稔者，便是早他数月由京移津的王小隐与吴秋尘。

王小隐与张厚载同岁，祖籍山东费县，1915年与张厚载同时考入北京大学，初学土木工程，后转学国文，与傅斯年同班。毕业后先在北京名医叶古红所办《正阳日报》做编辑，后任北京平民大学新闻系教授。1926年初，受聘到津出任《东方时报》中文版总编辑，公余协助老友冯武越创办《北洋画报》。

吴秋尘原籍江苏吴县，早年入北京平民大学新闻系学习，师从徐凌霄、王小隐等人。毕业后在北京《世界日报》任编辑，因与报馆主人成舍我龃龉，遂在

1926年春应其师王小隐之招，来津主持《东方时报》中文版副刊《东方朔》。因其师王小隐参与了《北洋画报》的创办，他便也时常过来帮忙编务，并由此而与张厚载相识。不久，为了帮张厚载增加收入，他还聘其到《东方朔》做了兼职编辑。据他们的老朋友吴云心晚年回忆：

> 二十年代中期，张（厚载）在天津交通银行（应为中国银行）任职，一度兼任《东方时报》副刊编辑，写长篇连载《豹斑琐缀录》。

吴云心与冯武越也是老相识，他记忆中的此人"驼背，鹰隼，工心计。报纸编辑工作，虽然放手交给编辑人处理，但他心中有数，不怕编辑摔耙子。其妻赵氏（绛雪），为赵一荻之姐，赵一荻当时人称四小姐，今已为张学良夫人。因此，当时一般认为《北洋画报》后台实为张学良"。

《北洋画报》初创时，冯武越亲自操办广告、发行等经营业务，编辑部里只有"主编"张厚载一人做编辑，王小隐、吴秋尘等只是临时帮忙。而且每当稿件不齐时，

　　1930年7月22日出版的《北洋画报》一版，图中照片为画报主人冯武越之妻赵绛雪

张厚载还要充当作者，随时为画报"救急"。如在创刊不久的7月28日画报上，他便写有《新文学家与旧戏》一文，显然是以胜利者的姿态在旧话重提：

> 从前我为了旧戏问题，常常同一班新文学家（像钱玄同、周作人、胡适之一班人）大起辩论。他们都主张把旧戏根本废除，或是把唱工废掉；他们更痛骂"脸谱""打把子"，说是野蛮，把脸谱唤作"粪谱"。但是最近他们的论调和态度，也有些变迁了。周作人曾在《东方杂志》上，登过《中国戏剧的三条路》，已主张保存旧戏。而胡适之近来对于旧戏，也有相当的赞成，去年在北京常在开明院看梅兰芳的戏，很加许多的好评。那时我在开明院遇见他，曾问他道："你近来对于旧戏的观念，有些变化了罢？"他笑而不答。现在徐志摩、陈西滢一班人，对于杨小楼、梅兰芳的艺术，常加赞美。又有一位专门研究西洋戏剧的余上沅，把余三胜、谭鑫培，和莎士比亚、莫利哀，相提并论，而且认旧戏为一种诗剧。最可注意的，最近《晨报》副刊，新出剧刊一种，竟把钱玄同所称为"粪谱"的脸谱，

作了剧刊的目标。咳，当时我费了多少笔墨，同他们辩论，现在想来，岂不是多事么？

除此之外，在画报创刊的当年，他还为之撰写了《记扇》《日剧之一瞥》两文。前者随图介绍了梅兰芳、程砚秋、罗瘿公等人为他所画之扇；后者则是在天津皇宫电影院观看日本名伶守田勘弥等演出日剧《三社祭》后，所撰有关中日演剧比较的文论。同时，他还将已故恩师林纾的扇画刊出，让时人一睹这位老夫子的山水遗墨。这种义务撰稿，不但画报初创时期如此，就是在此后的时日，他还以张聊止、张缪子、缪子、缪公、聊止、聊公、斑马、津津、聊、公、白头翁等为笔名，为画报撰写了众多形式各异的文章。

后来成为民国著名社会言情小说作家的刘云若，早在天津扶轮中学上学时，便投稿于各报刊，王小隐对其

接替张厚载主编《北洋画报》的刘云若

才华极为赏识，后来他见张厚载因银行差事难以全身心"主编"《北洋画报》，遂将刘云若推荐给冯武越。冯在看出刘之潜力后，不惜以百元月薪将其聘为专职编辑。当然，刘云若随之也要承担起整个编辑部的工作。而张厚载虽然卸任了兼职"主编"，但他对《北洋画报》却是"一往情深"，在此后的多年仍兼任着画报的社外编辑。

驰名沽上文坛报林

通过《北洋画报》，张厚载很快便融入津沽文坛报海之中，而且很快便成为个中名人。

沽上报业是随着租界地的出现而兴盛的。天津史上第一张报纸《中国时报》，便是由天津海关税务司英籍德人德璀琳于1886年11月创办，美国传教士李提摩太任主笔，并同时出版中文版。受此影响，随之而起的，便是德人汉纳根于1895年创办的《直报》、日本人西村博于1899年创办的《咸报》等多种外文报纸。

正是在此背景下，中国人在津创办的首张中文报《国闻报》面市了。流风所及，在此后的数十年间，天津的各种报刊便如雨后春笋般出现，较有影响者如《北洋官报》《大公报》《益世报》（虽由西人所创，但主笔政者皆为国人）《醒俗画报》《北洋画报》《庸报》《商报》《新天津报》等。

尤其是在20世纪20年代中期以后至抗战全面爆发天津沦陷前的十余年间，各类大小报刊曾在天津形成了具有一定规模的"井喷"。据《天津报海钩沉》一书统计，1927年到1937年天津沦陷前，先后创办于津沽的各种中文报纸有58种，外文报纸9种，周报2种，画报6种，发

创刊初期的北洋画报社

行总量超过29万份。其中有10万份左右发往外地，每天在本市流通的报纸在18万份以上。按当时有阅读能力的人口计算，每天平均2.5人拥有一份报纸。为各报提供本市新闻的通讯社有20家，提供国际新闻的外国通讯社有路透社、合众社、哈瓦斯社等6家；为各报打开销售渠道的派报社有18家；为各报承揽广告，吸纳财源的广告社有16家。30年代的天津报纸经营体系已经基本形成，是天津报业发展的极盛时期。

张厚载移居天津的年代，正是津沽报业如此鼎盛时期。因此，作为当年在津给小报写剧评起家，后又成为京沪报纸特约撰稿人的他，面对沽上报林，自然有如鱼得水之感。时间不长，他不但成为各家报馆的常客，而且还迅即与津门文人、艺人为伍，加入他们频繁的酬唱交游之中。1928年8月1日，《北洋画报》刊出了刘云若的一篇纪实游记，其中写道：

> 明月一湖，清光满眼，许豪斋君吹横笛以弄晚风，王庚生君歌昆曲和之，仙音法曲，听之荡气回肠；而湖中其他游船，亦皆追随舟后，若李暮之摩笛傍宫墙焉。李惠川复拉胡琴，庚生、镠公复歌

"捉放""黄鹤楼"诸折。另一舟中诸闺秀，亦都逸兴遄飞，各啭珠喉，作低回小唱，真觉耳目俱畅，人月双清；且水中月近，耳底声幽，虽在人间，疑如天上。纵观湖上，往来游船，舰首齐缀小灯，远远飘来，若丛苇中出渔火，此中大有诗意。

文中之湖，乃民国时期天津旧墙子河。游湖之日为1928年夏天"大暑后之六日"。舟中游人除文中提到的张厚载及沽上诸名票外，还有当时津沽文坛大佬王小隐，天津《商报》总编王镂冰，《北洋画报》主人冯武越、冯妻赵绛雪与其胞妹，名票朱雪漪与李雪痕，以及时任《北洋画报》记者的刘云若。此次游湖，乃是遵循《北洋画报》旧例。自1926年该画报创办之日起，每年盛夏，选一诸同好得闲之日，由冯武越发起，众人齐集，雇舟游河以消暑。

据刘云若文中所记，是日黄昏之时，众人毕集北洋画报馆，待日落之后，携佳肴美酒与琴弦诸乐，齐抵日租界住吉街（今南京路）与松岛街（今哈密道）相交之墙子河畔，"买二小舟，兰桨徐摇，过两桥洞，方入海光湖之湖心（以湖近海光寺故，姑妄名之）"。随后便是饮酒

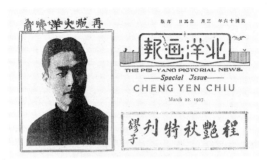

1927年张厚载为《北洋画报》上的"程艳秋特刊"题写刊名

1928年到来了，张厚载和《北洋画报》同人给读者拜年

赋诗吹拉弹唱。碰巧的是，正当众人欢宴之时，迎面驶来三四小船，相互以铁索相连，船上津门名票刘叔度、金碧艳等人也在浅斟低唱。于是诸船齐聚，名展歌喉，合演《南阳关》一曲。其时之盛，正如刘云若所叹："此种雅集，已久难得于堂会，不图于湖上得之，则此湖亦觉名贵之极。"不觉间，月到中天，众人也游兴微阑，便齐转船头，返棹而归。

如此雅集，在当年的津门文人雅士间，已成常态，这是与这座城市当下的文化氛围和娱乐环境密切相关。

1927年是天津戏曲史上划时代的一年。随着北伐军一路奏凯，国民政府已取代居京的北洋政府而定都南京。由于此时大批军政要员及富商巨贾纷纷南下，北京的戏曲生意受到巨大冷落。艺人们为了生存，便纷纷组班巡演全国。而天津作为水陆码头，各路名伶出京均要在此中转。于是不但各种戏班有如走马灯般你来我往，而且几乎所有的京剧名角也都来此献艺，遂使京剧在天津得到空前繁荣。对此，当年曾有人在《戏剧月刊》上称"京津戏剧之发达为海内之冠"。

此外，也是在这一年，由官商高春和投资兴建的春和大戏院（1949年后易名工人剧场）竣工，更是成了天津京剧演出划时代的标志。此戏院为钢筋框架结构，建筑面积3000余平方米，有固定座位1021个，并在津首次采用预先售票、对号入座制度。其吸收西方"四堵墙"式的镜框舞台和完备的声光电设施，已与旧式戏园、茶社有了本质变化，实为当时天津最为摩登豪华的京剧剧场，其优势直至1936年方被邻街出现的中国大戏院所取代。

由于该戏院地处天津法租界马家口福煦将军路（今滨江道）福厚里，毗邻北洋画报馆，故此其昼夜不停的丝弦声和此来彼往的名角大腕，在吸引着沽上文人雅士前来消遣的同时，也使报馆成了他们看戏前后酬唱交游的场所。而此地又与张厚载租住的杜麦路（今丹东路）和任职银行近在咫尺，故而每次风云际会，几乎都有他的身影。而且作为《北洋画报》的特约编辑，他还担负着为报馆写娱乐新闻的职责。如在1928年8月11日的画报上，他便以"斑马"笔名，写有一篇极具新闻性和现场感的短文：

　　上星期六之夜，春和戏院，于九钟起，有跳舞大会。而大华饭店，是夕亦约有跳舞家露奶女士

1927年开业不久的春和大戏院，其前门位于福煦将军路（今滨江道）福厚里

Miss Luan，表演各种舞蹈。余近日颇喜观舞，至此几苦无分身术。遂于九钟，先就近到春和屋顶，男女甚多，但除音乐场外，不见西人。各跳舞家，均带上纸花高帽，但乐作而均不上场。及一俄女裸体先出舞一场，于是始有联臂而起者。舞正酣时，忽刮来一阵怪风，万国旗被吹成纷碎，片片作蝴蝶飞，旋又数点微雨，前席诸君，多有后移者，已而一轮涌现，景物转妍。时已十钟有半，余乃决计再乘兴一探大华之胜，登其楼头，乐声悠扬，中西男妇起舞者甚伙。露奶女士，未露其奶，仅赤肩背而出，然姿态颇可观。已而摇盘抽彩……及十二钟有半，乃又偕赵君（赵道生，冯武越妻弟，时为大华饭店经理）返春和，登其绝顶之凉台，放眼一观，则群众熙来攘往，亦在大摇其彩。

除报道春和大戏院的消息外，此时期他还以"养拙轩主"笔名，为《北洋画报》写了《谈言》等有关京剧的文字，但不是剧评，而是带有新闻性质的随笔。

1928年11月13日，《北洋画报》登出了一首名为《村酒香夜酌偶作》的七绝：

　　菊花插鬓态飞扬，朋辈狂欢村酒香。谁道今宵拼一醉，声声骂煞小韩郎。

　　这是张厚载以"缪公"笔名所作，据他在诗后注解说："立冬夜与冯武越伉俪、唐立厂、王小隐、刘云若诸君饮于村酒香，同席尽醉；适韩君青自东瀛有书来，中不辨何语，而小隐读罢不适，醉态益增，诗以调之。"对于这次立冬日的文人"狂欢"，与张厚载七绝诗同一版面上，在署名"梼厂"者所写的《一夕狂欢记》中，曾有详细描述：

　　　　小隐自命能饮，予每过其居，辄邀午酌，思以报之。立冬之晨，踏雪奉访，因约夕间于村酒香一叙。依时而往，独据座头，而小隐竟未降，坐久窘极。忽大方、寒云两先生来，缪公后至，同座合欢，与余座遥相对。而余座忽掺二客，盖蒋总司令贵同乡也；余愈局促。幸此二公也者，不饮而啖，匆匆遂去，而绝代美人之小隐乃姗姗来矣！入室皆熟人，欢声乃起，小隐居然喝白干四两之多；谈兴正豪，武越伉俪及云若俱来，窥室中有人满之患，乃改至对门小楼。余与小隐等踵往，杯酒既行，武越、小隐遂开火；小隐既屡败，则引吭高歌，似项大王垓下时也。然苦无虞兮，于是云若曰，苟有人能为隐师得虞兮，将三跪九叩首以谢之，此言一发，小隐益牢骚，醉态遂作；顾愈醉而歌声愈壮，折菊花两支插耳上，婆娑效乡下亲家母之状。末乃将所有村肴（村酒香之肴也）由胃部输之痰盂，始高挂免战牌。踉跄而下，坐汽车中，探手窗外，几致闯祸，至北洋画报社后，歌声未阑，尤能为《醉打山门》一折，然吐兴亦未阑，复演一两出乃止。是夕也，七人共饮黄酒四斤，武越素不饮，乃罄半斤，余亦为饮一爵，小隐当有斤余，但能饮之名，从此休矣。而叨扰冯夫人，忙煞刘云若，真不可以无记。

"梼厂"即后来成为著名历史学家和金石家的唐兰（唐立厂），彼时其寓天津墙子河畔小营门，与丧偶独居于黄家花园福顺里35号三层小楼内的王小隐隔河相望，故彼此往来频繁。"大方"即有民国"联圣"之称并长期居津的文坛耆宿方地山，"寒云"则为闻名南北文坛艺林的袁世凯次公子袁克文，此二人不但私交莫逆，而且还是儿女亲家。他们四人再加上冯武越夫妇及在文坛初露峥嵘的刘云若，可谓俱为津门文苑报林中的风云人物。

能够跻身这些"闻人"之间，与其"同席尽醉"，可见张厚载此时已完全融入了沽上文坛报林之中。同时，这种频繁的酬唱交游，也使他心中的"忧伤憔悴"在逐渐化解。

也正是在这一年的年底，张厚载由中国银行天津分行"跳槽"到了交通银行天津分行。其原因，则与荐他来津捧上金饭碗的冯耿光有关。

中国银行在北京设总管理处多年，冯耿光任总裁时代，虽与盘踞在东北的奉系军阀关系融洽，但随着他的去职和奉军入关，双方开始摩擦不断。尤其是奉系几次勒索被拒后，中行的日子便不再好过。为此，中行领导层和董事会经反复磋商后决定，原总裁现为财政总长的王克敏与原总裁现居家赋闲的董事冯耿光留守北京，应对奉系军阀；副总裁张嘉璈则以母病为由，赴沪联络即将完成北伐的国民党，意在寻找新的靠山。据《冯耿光笔记》一书披露，1926年6月初张嘉璈即入驻上海，边活动边就近指挥南方各分行。这时，中行总裁金还病重无法视事，王克敏又因种种不便出面，冯耿光遂再次被推到前台。

1927年1月27日，冯耿光二次出任中国银行总裁。然而在此位置上，他干得并不顺畅，时时被刚刚赴任的国民政府财政部部长宋子文所掣肘。经过一段时间的较量，宋子文见改组中国银行屡屡受阻，遂于1928年10月成立了自任总裁的中央银行，规定其为全国最高金融机关，用以取代中国银行的地位。随后又于11月17日操纵召开了中国银行第十一届股东总会暨临时股东总会。会议选出了新一届董事会，并推举张嘉璈为总经理，财政部指派李铭为董事长。至此，冯耿光再一次交出中国银行大印，退居为"重要商股股东"，并被迫随中国银行总管理处由北平迁往上海，从此定居于沪上愚园路附近的静园路23号。

冯耿光后来回忆，中国银行的这次改组，引进官股势力，是张嘉璈与宋子文里应外合的结果。果然，扶正后的张嘉璈立即对行内人事和业务进行了重大调整，总揽大权。据这一时期在盐业银行供职的张伯驹披露，张嘉璈不仅排挤冯耿光，而且还通过其他方式打击冯之势力。其在《红毹纪梦诗注》中曾曝料说，中国银行历来

"有冯耿光、张嘉璈两派"，这是因为在捧角儿上，"冯捧梅，张捧程。后李石曾自对人言云，支持程艳（砚）秋乃受张公权（嘉璈字）之托也。此内幕非外人所能知者"。据此可知，因冯耿光与梅兰芳的紧密关系为众人所熟知，张嘉璈便暗中托付国民党元老李石曾，用捧程砚秋的方法来压制梅兰芳，而贬低了梅兰芳亦即打击了冯耿光，同时还可削弱冯在中国银行中所培养的"梅党"势力。

对张嘉璈的此番操作，冯耿光虽心知肚明，但因大权旁落也是无可奈何。正是在此背景下，作为既是冯耿光安排的入职者，又是社会公认的"梅党"中坚，张厚载自然无法再端中国银行饭碗。对此冯耿光并未置之不管，而是凭借人脉，迅即安排张厚载"跳槽"到交通银行天津分行。

交通银行系清廷邮传部于1907年创办，其总行1908年2月在北京正式开业，为官商合营，在中国金融界的地位与中国银行不相上下。当时国人银行规模较大者，首推中国银行和交通银行，合称"中交两行"。作为当时国内金融界的领军人物，冯耿光的朋友遍及全国银行业，交通银行更是上下皆买其账。因此，将张厚载调入交通银行天津分行，对他来说易如反掌，何况此时张氏已是天津银行业知名的文人。

　　交通银行天津分行几乎是和总行同时出现的。查《交通银行史》可知，1908年4月9日，邮传部批准曾国藻、管谦和为交行天津分行首任经理、副理。4月12日，交行天津分行在老城外北马路隆重开业。不久总部迁址法租界五号路（旧称巴黎路，今吉林路）与六号路（旧称杜麦路，今丹东路）相交处。

　　迨至张厚载调入的1928年，交通银行在津总部已定址于距他租住地（杜麦路）仅咫尺之遥的法租界四号路（旧称葛公使路，今滨江道东部）。按当时广告介绍，该行业务主要包括"各项存款、抵押放款、内国汇兑、货物押汇、内债经理、票据贴现"。至于张厚载的工作，则仍是文书老本行。据行内史料记载，由于文笔出众、业务熟练，他很快便被提职为文书课副课长。而在工余，他仍是奔走于各报馆，"客串"副刊编辑。对此，他晚年曾在《歌舞春秋·序三》中说：

　　　　余自民十七年（1928），入天津交行服务，晚
　　间先后为天津《商报》及天津《大公报》任编辑，
　　则皆系兼职。

《商报》系天津宁波帮买办叶星海之子叶庸方与华裔赛马会东家李组才于1927年在津创办，馆址位于窦总领事路（今长春道）与一坡城路（今河南路）相交处，由原《庸报》总经理王镂冰主持。其形式是大报，而副刊却完全脱胎于上海《晶报》，当时文坛名流袁寒云、方地山等常为之撰稿。

该报副刊编辑阵容强大，是时《东方时报》已解体，吴秋尘转入《商报》任采访部部长，同时兼编副刊《杂货店》；而其尊师王小隐则主编另一副刊《古董摊》；与此同时，报业奇才吴云心也在副刊负责小说连载；1928年，刘云若脱离《北洋画报》后，又在该报办起了副刊《鲜花庄》，同时兼任画刊主撰；同在1928年，后来成为著名武侠小说作家的宫竹心（白羽）也由平至津，任职该报副刊；此外，两年后在津创办《天风报》，推出通俗小说巨子刘云若与还珠楼主的沙大风，此时亦是该报副刊编辑。正是在这津门报纸副刊高手云集之时，张厚载也来加盟了，他负责的也是他最拿手的戏曲评论及菊坛信息。

《大公报》是由维新名士英敛之于1902年6月17日在津创办的，馆址初设天津法租界葛公使路（今滨江道）

法国领事馆旁，四年后迁址日租界旭街（今和平路四面钟对面）。由于创刊初期大力倡导白话文，故甫一面世便受到热捧。但随着辛亥革命后英敛之的出走，其内容和销路便每况愈下，并于1916年9月被安福系政客王郅隆盘收，由报业奇才胡政之任经理兼主笔。由于此时期报纸已变为安福系机关报，故影响力与发行量急速下滑，最终于1925年11月27日宣告倒闭。

翌年初夏，曾任京沪多家报馆主笔的张季鸾来津休闲，于街头邂逅老友胡政之。因二人均有续办《大公报》之意，遂筹款于居津赋闲的金融界元老吴鼎昌。结果三人一拍即合，新记《大公报》便于1926年9月1日开张了。这是报纸的第三时期，也是后来辉煌期的开始。

两年后的元旦，《大公报》副刊编辑何心冷将原《艺林》与《铜锣》两版合并，创办了《小公园》综合文艺副刊。因当时编校人手紧张，他先是聘用了1928年由平移津的李寿民（即后来以《蜀山剑侠传》享誉全国的著名神怪武侠小说作家还珠楼主）为校对，随后又将已驰名天津文坛艺林的张厚载聘为兼职编辑，在跑娱乐新闻的同时，兼写剧评。

张厚载兼职时的大公报馆

当时《大公报》的戏曲版面堪称强项。早在张厚载兼职前的1927年9月，便有《戏剧》专刊创办，其内容以京戏剧讯、戏班史料及伶界评选为主。1928年1月4日，又增出了《戏剧周刊》，翌年3月改称《大公戏剧》，内容分新剧（话剧）、乐剧（戏曲）两类。初期主要撰稿人为熊佛西、徐凌霄、张鸣琦、傅惜华、李珥肜、马二先生等。张厚载加盟后，很快便成为编撰主力。这一时期他先后发表了《春和院中观剧所记：对于新进角色之观察》《春和院中之搭桌戏：皮簧剧中夹演一出昆曲　戏目角色临时均有更动》《看了〈一片爱国心〉以后——一些零碎的感想》《明星院中观剧杂记》《庆生社昆剧名角略评》等。

在兼职以上两报的同时，张厚载并未离开老朋友冯武越，而是仍作为《北洋画报》的社外编辑，在帮其料理稿件的同时，还不时地为画报撰写文章。如《北洋画报》创刊三周年时，他便写有《三周年与双七节》一文予以庆贺，其中云：

北方谚语，有"三岁小孩，摇摇摆摆"的话，现在"北画"恰好三周年，正像小孩到了三岁的年纪；

但是"北画"在现今华北一带，不但是大摇大摆，而且是独步一时，这是何等欣幸可喜之事呀！国历的十月十日，中华民国诞生，这日叫做"双十"，国历的七月七日，《北洋画报》诞生，自然也应该叫做"双七"。旧历的七夕，有不少浪漫的神话，国历的七夕，"北画"里亦有许多美妙的情文和清新的趣味。我不必多说吉利话，就此谨祝北画"长命百岁"，而且永远纪念着双七节清新美妙的风光。

可见到了1929年，张厚载已从"忧伤憔悴"中走出，不但文笔恢复了华丽文采，而且内容也充满了欢快喜乐。同时，通过在各报的"客串"，此时他也已跻身津沽名报人之列。对此，当年4月1日《北洋画报》刊出的一则消息，可资为证：

　　天津报界同人感于生活之枯燥，思为有兴趣之调剂，故本报发起，召集同志，成立报界业余歌舞团，现团员已有百余人。报界名人袁寒云、叶庸芳、唐立厂、胡政之、刘髯公、张镂公、沙游天（大风）、何心冷、薛月楼、吴秋尘、徐铸白、郝

梦侯、何怪石诸君，亦皆加入。前于三月廿九日假
大华饭店，由基本团员冯武越、王镂冰、王小隐、
刘云若四君，先作一度试演；由周瑟夫夫人布景，
冯赵绛雪夫人指导化装，唐宝湖夫人担任导演，并
特约名票友刘叔度、王庚生及名坤伶章遏云、冯素
莲奏中乐，明星影院音乐师奏西乐，以故成绩颇
佳，观者皆啧啧称赏，谓表演之佳，不让黎明晖之
少年歌舞团云。前次《大公报》主办之慈善义演
会，原拟约本团加入，但以成立伊始，未敢昌然登
台，此次既成绩特佳，故慈善会主办人之在场者，
皆甚抱遗憾云。

虽然几日后，《北洋画报》又登出启事说，此消息为
"虚假新闻"，乃愚人节与大家玩笑之作，但其文中提到
的报业中人，皆为当时津沽报界名人，确是事实。据此
可知，在经过不到三年的磨合，此时张厚载已完全融入
津门文坛报林之中，且成绩不俗。

津城"名票"

在兼职《商报》与《大公报》的同时，张厚载仍是《北洋画报》主要社外编辑之一。据当时天津报业与戏曲界风云人物沙大风1929年5月撰文称，"'北画'主人将创'戏剧专刊'，闻计于予，予夙好剧事"，于是"欣然与武越、小隐、畏夏、鏐公诸君子，擘画研讨，问世以来，谬为时赞"。除助冯武越策划版面外，这一时期他不仅为《北洋画报》写了《志素莲并其姊》等系列伶人介绍，而且还写有多篇时事随笔，如1929年4月11日发表的《北平城根之怪现象》，便是其中的代表：

北平自从迁都以后，有许多人，替它打算维持繁荣的计画，大都是主张把它弄成一个游览的重心，叫世界的人们，不断的去游历，市面自然可以繁盛。现在这种主张，总算是很有力的了。前天我有事到北平去一趟，满抱着这种观念。不料火车刚开到前门，举目一望城墙根，不禁大为失望。原来城墙根下，有人蹲着在那儿大出其恭，前后公开，尊范毕现！这种人而且不止一位，有时竟至四五人之多。像这样天然的公共厕所，叫那些外国游历团看见，真不知要发生什么感想？而且这些景象，一到前门，先入眼帘，实在太不雅观。深望有管理之责者，为北平之繁荣与体面计，把这些城墙下之出恭家，先攻而出之，不胜幸甚。

风趣中带着批评，既体现出记者的观察力，又带有文人的调侃。也正因此，沽上文坛"盟主"王小隐阅后曾撰文说："斑马（张厚载）写象，有学者风度，不似花条马也。"

1930年来到了，在元旦的这期《北洋画报》上，有个人拜年广告，张厚载与王小隐、刘云若三人同时弯腰鞠躬，向读者"虔祝新禧"，这是当时该报兼职编辑的"自由组合"。当年7月7日，画报创刊四周年时，张厚载则以编者的身份，在画报上赋诗介绍了编辑部专职与兼职同人的近况（括号内文字为原诗所有）：

> 北洋画报四周年，四后宫装四壁悬。秉笔赖公冯氏健（冯笔公为"北画"主人，亦为"北画"健笔），生财有道赵家贤（赵道生在"北画"襄助最早，其后兼营大华饭店，极发展）。隐公关外吟诗去（王小隐赴辽宁后，诗益工），立老营门度曲旋（唐立庵寓小营门，研昆曲甚勤，但日必莅"北画"社）。林北秋尘光景好（谭林北、吴秋尘，现均为"北画"社重要人物），还教斑马唱新篇（斑马不能文，亦不能诗，秋尘屡索稿，赠诗一首，即以为祝）。

据此可知，是时《北洋画报》的编辑人员，除了冯武越与其妻弟赵道生，实际操办者是吴秋尘和天津同生照相馆经理谭林北（冯武越后来将《北洋画报》兑给此人）。而其社外兼职编辑，尚有正沉湎于昆曲之中的唐立庵（唐兰）和此刻应张学良之邀，赴沈阳主编《东北年鉴》的王小隐，以及"几朝元老"张厚载。而刘云若，此时已被当年2月创刊的《天风报》主人沙大风挖走，在专职编辑该报的同时，正以"游戏"心态赶写让他一举成名的社会言情小说《春风回梦记》。

此前的4月1日，刚刚接替刘云若主编《北洋画报》的吴秋尘，又受友人王永清委托，在春和大戏院对面福煦将军路（今滨江道）上的基泰大楼，创办了一本综合性纯文学半月刊《一炉》。在4月15日出版的第二期上，刊发了张厚载一篇论文《妇女装饰论》。全文三千余字，分为《妇女装饰的成分和起源》《现代中国妇女装饰的派别》《妇女为什么喜欢装饰》《美学上的装饰观》四部分，论点明确，论据则吸纳了西方最新美学研究成果。他指出妇女装饰三要素为衣服、首饰、脂粉；妇女之所以喜欢装饰，是因为爱美、情欲、奢侈。从文章里可以发现，张厚载此时不但已从单纯的剧评写作，扩展到学术研究领域，而且也由昔日保守的国粹派转型为具有西学意识的现代学人。

对此，其老友吴云心晚年曾评价说，"张虽然在白话文运动中倾向林琴南，但并非不能作语体，其思想亦不尽保守。曾有论妇女妆饰一文，全用语体，文章依然简练。对妇女妆饰问题，在当时亦有一定的进步思想，并可见其知识之渊博"。其所说的，便是这篇《妇女装饰论》。随后又进一步评价道："张聊止这篇文章，发表在半个世纪以前。这个'五四'运动时代的保守派，在1930年时，已经用他过去反对的写作形式写文章，而且对妇女妆饰的意见，也还体现了妇女解放思想。"

抛却这篇论文的"进步思想"不谈，仅就其谈"美"的话题看，联系1918年张厚载在北京大学上学时，曾在校报上连载文艺述评《善与美》，以及他曾写过的《戏台上之服饰》，便可知晓，除剧评和戏曲研究外，美学尤其是服饰美学，是张厚载钻研的另一领域，而且从《妇女装饰论》中还可发现，其对美学的研究已经非常专业，他那时已在反复研读日本人黑田鹏信的《美学概论》了。只可惜，后来由于环境变化，他未能将其坚持下来。

同在1930年，张厚载的另一个嗜好也被他重新拾起，那便是"票戏"。据他1944年在《玩票琐忆》中回忆，"民十五年，移家来津后，不常玩票。至十九年，以友人魏病侠君之邀约，加入永兴国剧社，于是彩排清唱，时复追攀"。

魏病侠是当年天津报业名人，为书法与楹联名家方地山高徒，1930年沙大风创办《天风报》，曾聘其任主撰。后天津《商报》创办人叶庸方投资再办《风月画报》，他任主笔。据说每请名家撰稿，对方如若不允，他必下跪相求。此人性喜京剧，经常粉墨登场。1930年8月，他协助叶庸方将永兴洋行国剧票房扩大为永兴国剧社，为加强剧社阵容，遂力邀报业同行中的资深票友张厚载加盟。

永兴国剧社源自当时津门赫赫有名的法商永兴洋行。清末天津辟为商埠，宁波商人叶星海随德国富商吉伯利来津经商，后与曹汝霖、陆宗舆等合办天津最早华商对外贸易商行利济贸易公司，并任董事长。暴富后，于1923年进入法商永兴洋行出任买办。1929年叶星海病故，其独子叶庸方成为永兴洋行继任买办。

叶庸方字畏夏，号朝歌斋主，1903年生于天津，毕业于张厚载曾经就读的天津新学书院。其人多才多艺，性豪爽，善交游，有古孟尝之风。他虽子承父业，但不喜经商，却钟情于开报馆，并酷嗜西皮二黄。当时京津

　　1930年10月,张厚载(左一)与时任天津市市长臧启芳(左三)及梅兰芳
(右三)、王小隐(右一)、冯武越(右四)等合影

两地名报人如《新天津报》创办人刘髯公、北京《实报》主人管翼贤，以及王镂冰、薛月楼、冯武越、王小隐、刘云若、何怪石、吴秋尘、吴云心、沙大风、张厚载等，均为其座上客。戏曲界名伶杨小楼、余叔岩、梅兰芳、程砚秋、尚小云、荀慧生、孟小冬、周信芳等，也都是他好友。外埠名伶到津演出，必到其府上拜会，他则必定酒宴相迎。

1930年6月，永兴洋行司账严逸文与行内京剧同好十余人在天津南市租屋，成立了法商永兴洋行国剧票房。但由于房屋太小只能清唱，不便"拉身段"，更不适于彩排。叶庸方闻讯，便出资将小票房扩大为国剧社，并在法租界嘉乐里（今锦州道与河北路交口）租下一所独门独院三楼三底楼房，将楼上一间改装成一尺多高的舞台，其余两间设置为能容纳百人的客座。而楼下三间，则布置成客厅和化妆室。剧社成员多为法商永兴洋行、德商西门子及禅臣洋行、美商美古绅洋行的大小职员，以宁波人居多。参加者每人收费一角作活动经费，下欠不拘多少，均由叶庸方一人包干。此时天津能彩排的大票房，永兴国剧社与开滦国剧社、群贤留韵（老竹记票房）规模最大，几成鼎足之势。

天津永兴国剧社创办人叶庸方

　　据1931年8月付梓的《永兴国剧社周年纪念册》披露，剧社创办人乃叶庸方、吴渭滨（当年百米赛跑世界纪录保持者）；吴渭滨、叶紫宸任社长；沙大风为编辑；张厚载等12人为"评议"，具体负责编制、审查、宣传等事宜。除以上职位外，剧社还设有理事部、剧务部、文牍部、交际部、会计部，以及专职教师、琴师等。社员分为"赞助社员"和"经济社员"，其人数已由1930年6月的14人，发展到1931年5月的82人。

　　在纪念册的"社友小志"中，张厚载登记的通联地址是"交通银行"，对其评语则是，"张豂公：白头翁，有寿者相。和蔼可亲，故人乐与之游"。

剧社活动，叶庸方不但出资，而且还身体力行。为了练私功，他亲自去北京请来著名文武老生张荣奎，让其住在家里为他说戏、拉身段、打把子。同时，他还聘来多位名伶在剧社执教。对此，当年剧社老人姚惜云晚年在《叶庸方二三事》里，曾回忆说：

> 20世纪30年代也是永兴国剧社"黄金时代"。特约名角任教师，有北京名老生孟小茹、武二花韩富信、昆曲名宿益友、丑角王华甫。著名男女票友有：陈相君（女、天津小姐）、杨维娜（女）、解宗葵（女）、戏剧家马彦祥、剧评家张镠公、武生钟启英等，约40余人。
>
> 每年蓝万字会慈善团体，特约义演一场，假春和大戏院（现工人剧场）演出。叶庸方自任后台总提调，由始至终，戏码、场次、角色等安排得有条不紊。永兴国剧社，昆曲、皮簧剧目甚多，每次义演总以武戏做大轴，如钟启英演《殷家堡》饰黄天霸，吴六如演《八大锤》饰陆文龙，张镠公演《长坂坡》饰赵云，剧中人殷洪、兀术、曹

　　1930年张厚载（坐者左一）与程砚秋（坐者左三）、袁寒云（坐者右一）、王小隐（站者左二）等人合影于天津永兴国剧社

操均由笔者扮演。此时天津票界能演大武戏者只有以上几人。

这里说的义演，当年媒体也有报道，而且重点突出的是张厚载。如1931年9月1日出版的《北洋画报》，在刊登永兴国剧社为江淮水灾义演消息时，便写道："永兴国剧社为水灾演剧，已定于九月九日假座春和大戏院，名记者张谬公去大轴《黄鹤楼》之周瑜，尚有沈怡然、张荣奎、许佛罗同演此剧。"

如果说此文只是突出了张厚载，那么一周后，时任《北洋画报》主撰的吴秋尘，则是在画报上写专文《谈明晚永兴赈灾会之周瑜——张谬公》，来重点褒扬张厚载了：

　　吾友张谬公以论剧知名于世，盖已十有余年，梅博士之得有今日，未始非张之功；国剧之延其生命，张亦实与有力。《新青年》杂志中之新旧剧论战，谬公实为保存国剧方面之代表，其初人未尝不嗤为迂腐，久而久之，胡博士乃亦盛称梅博士不置，无形中张乃得最后之胜利，友辈语旧事，

张厚载与老伶工张荣奎合演《黄鹤楼》后合影

无不相谓镠子在中国剧史上确已得有位置，非过誉也。

　　镠公日与伶人、票友游，而不丝毫损失书卷气，工唱，不以为能，非友人再三强，不轻启齿，每歌，辄令人忘倦。此次江淮水灾，独挺身出，一演其在天津之处女作《黄鹤楼》。张最工小生，偶唱《白门楼》，声如裂帛，于其寓楼，曾见十余年前其《黄鹤楼》周瑜造象，扮相之英俊潇洒，非时伶可比。明晚重现色相，慕其名往聆雅奏者，当接踵而至，高歌一曲，活人千百，功德诚无量哉！平津记者，纷纷粉墨登场，联合募款，传为美谈。吾津记者之以艺乞赈者，则镠公一人耳！镠公评剧，向不予人难堪，诱掖多于讥弹，醇厚盖出天性。张原名镠子，晋"子"为"公"，三年内事也。

　　尽管戏瘾甚大，但平时"非友人再三强"，绝"不轻启齿"。可是当施善举时，则"独挺身出"。即以此次为江淮赈灾为例，津门"记者之以艺乞赈者"，则只有"镠公一人耳"。之所以如此，乃是其"醇厚盖出天性"

1931年9月8日《北洋画报》的《戏剧专刊》上，登出了吴秋尘介绍张厚载的文章

1931年9月12日，《北洋画报》刊出张厚载义演《黄鹤楼》时，饰周瑜的剧照

王小隐以"华胥"笔名撰写的赞张厚载义演文章，刊于1931年9月12日《北洋画报》上

使然。吴秋尘的这几句话，可谓真实地概括出了张厚载此时在津"玩票"的特点：平时并不显能，但对于公益活动，他总是以己之艺一马当先。而其艺，也确实能担得起压场"大轴"，令观众"接踵而至"。对此，此次义演过后，媒体对其技艺的专评，可资证明。

当年9月12日出版的《北洋画报》，不但刊有张厚载和老伶工张荣奎在《黄鹤楼》中分别饰演周瑜和赵云的剧照，而且还登出了文坛"大腕"王小隐在看戏当晚，以"华胥"笔名所写的专评——《张聊公之珠喉玉貌》，其文云：

珠喉玉貌，加之聊公，得非微嫌唐突？然聊公刻画江左周郎，风流潇洒，俊逸绝伦。且语有之："曲有误，周郎顾"，应是评剧家之老前辈，聊公以评剧名家兼擅演剧，亦今之周郎矣。许以珠喉玉貌四字，总不失为确评。盖扮相之堂皇，身段之娴熟，表情之真挚，能将公瑾种种意气风格，表现无余。予昨在北平，观程继仙此剧，老练精妙，许为得未曾有，今观聊公于春和演此，颇有颉颃之势，乌可以不纪也哉？

除永兴国剧社的义演外，此时期张厚载还积极参与其他团体组织的公益及赈灾演出。如当年5月23日，《北洋画报》便刊有消息称："《大公报》同人于廿二日正午在国民饭店举行庆祝万号聚餐，并就席清唱，张翏公唱《卖马》，徐凌霄唱《上天台》，张翏公、张季鸾合唱昆曲《弹词》，各工友唱者甚多，颇为热闹。"而到了9月19日，《北洋画报》则刊出了"本报与章遏云、孟小冬两女士，及春和戏院，自动合办赈灾义务夜戏，九月念二晚在春和开演"的广告，并称"所有收入悉数捐送张于凤至主办江淮水灾急赈会放赈"。而"张翏公君"，则在此次演出中"攒底"出演《卖马》。然而三天后，该报却刊出了记者的如下"声明"：

　　本报发起赈济水灾义务戏，远在十数日前，只以筹备未就绪，迄未宣布。嗣有孟小冬、章遏云两女士均自动表示参加，合演《探母回令》。春和大戏院亦自动表示义务赞助，于是乃决于本星期二开演。张翏公担任演《卖马》，沙大风君大告奋勇，愿演《借箭》……不意一切布置就绪，星期六本报业已发行，戏票业已开始出售之际，忽得沈垣（沈阳）失陷噩耗，本市人心大感不安，凡有血气之士，莫不悲愤填胸，当日开滦国剧社义剧及青年会义剧，均因之宣布停演，是以本报当即与合办同人紧急会议，佥以国难临头，应行暂停，以表哀悼，于是决定登报声明。

"誓死救国！""演戏不忘救国！""娱乐不忘爱国！"这是1931年九一八事变爆发时，天津各媒体刊出的口号，对此，张厚载积极响应。

在频繁参与这些赈灾及公益演出的同时，张厚载还经常出入于私人家庭票房，切磋技艺。张季鸾时任《大公报》总编辑兼副总经理，工余除爱打太极拳外，便是酷嗜昆曲。据史料记载，其家住天津法租界狄米得城路（今陕西路）德邻里，由于地方宽敞，时常邀请票友到其宅中票戏，其中的常客便是张厚载、袁寒云、王小隐，以及北京的凌霄汉阁主（徐凌霄）等。

对于在天津的这些义演和票戏，张厚载后来在《玩票琐忆》中也有回忆：

永兴国剧社，某次借春和戏院（今改大明）演赈灾义剧，余与老伶张荣奎及同社沈怡然合演《黄鹤楼》，荣奎之赵云，极为生色。又一次义剧，余被同社怂恿，演《长坂坡》。此剧余亦从未学过，何敢轻于尝试，乃同社病侠诸君，坚欲令余串演，先在社中排练多次，届期勉力登场，深自惶愧。病侠在剧中饰张郃，徐卧庐君饰文聘，杨乐彭君饰糜夫人，姚惜云君饰曹操，朗月馆主饰张飞，皆极见精彩，惟余之赵云，最为逊色。今乐彭、卧庐先后下世，追念前尘，不胜怆感。

余来津后，曾从名笛师徐惠如学昆曲，先拍《琴挑》《惊变》，次及《弹词》，余登台《借赵云》则在簧学会中，与陈虎扬、杨润甫诸君，合演多次。赵云唱白皆用大嗓，盖不以小生唱出，而用武生之声吻也。……

综记余在京津两处曾经登台排演之戏，小生有《射戟》《黄鹤楼》《飞虎山》《白门楼》等出，老生有《卖马》《骂曹》《南阳关》等出，武生戏有《长坂坡》《回荆州》《借赵云》等出，足见余之学戏贪多务杂，不肯专精一项，其结果则无一可取，无一可观，至今追思，曷胜愧恨。顾余自幼癖剧甚深，学习各剧，亦以爱好过甚，亟欲探讨其内容，以资研究，初无丝毫名利之念，即使学习无成，而能稍得其中梗概，一知半解，聊以自慰，所谓贤于博弈，其庶几乎。

由此可见，1930年以后的几年，正是张厚载在天津戏瘾大开之时。

投身抗战

　　1931年的春天，张厚载还忙里偷闲，有了一趟南方之行。据当年3月31日的《北洋画报》报道："名记者张醪公，将南归葬父，已定于下月二日登轮赴沪，一月后即北返。"

　　至于他的这次南行，是将父亲葬在了"江苏青浦"，还是"浙江淳安"，无论媒体还是他个人，都没有透露。但若携"父"南归上述两地的任何一处，都要从天津塘沽乘船先到上海，则是必须。目前能够知道的，是他在航行期间，曾于船上邂逅老相识徐志摩（详情后述），而且此行他也确实在上海盘桓了一段时日，并在一个多月后，果真返回了天津。因为当年5月5日的《北洋画报》又有消息云："戏剧批评家张豂公，前因葬父南归，现已事毕，定十号左右返津。"

而在同年5月9日的《北洋画报》上，则刊有"聊止自沪寄"的短文《海上之曲会》，讲述了他在上海看到的此前已由津迁沪的许姬传、许源来"昆仲之提倡风雅"的景况：

　　昆曲为南方之产物，但江南一带，在十年前，曾一度盛行，近日则有风流顿尽之感。大世界之新乐府昆剧社，亦因包银，须打折扣，不敷开销，遽尔停演。昆曲名家，近亦意兴阑珊，惟许思潜（许姬传）、豪斋（许源来）昆仲在沪，时有曲会，其从兄许伯遒君之笛，与陈彦衡之琴，在大江南北，号称双绝，尤负曲界重望。余到沪后，曾在许君寓中，获聆其吹笛，声音嘹亮，指法灵动，于生旦曲，抵腔尤为绵密，备极动听。是日有陈富年唱《佳期》之张生，及唐君、陶女士唱《佳期》之红娘，"十二红"一折，均由伯遒君搨笛，举座为之击节。越数日，吴眉翁复邀伯遒、豪斋，在其宅中唱曲，眉翁

1931年5月9日《北洋画报》登出了张厚载的沪上通讯《海上之曲会》

　　与袁安圃君，合唱《惊变》，伯道、豪斋皆吹笛，声韵妙婉，听者更为叹赏，余亦自幸耳福之不浅也。思潜、豪斋，昆乱皆精，曩在津门，时相过从，且皆曾为"北画"执笔。近思潜在苏财厅任事，豪斋在交行总处，公余消遣，必邀朋侣高唱，往往丝竹杂陈，昆乱迭奏，其风雅俊逸，自不可及也。

据此可知，此次南行，张厚载在一个月的时间里，除了安葬父亲，还有一段时日是在上海度过的，与此前已奉调交行总部的许源来等超级票友，一同酬唱雅集。

返津不久，恰逢《北洋画报》创刊五周年，时任编辑吴秋尘当时曾在报道中云："馆中对帮忙五年之老友，特各赠银制图版一具，上镌'五年良友'四字，得此次赠品者凡六人：为王小隐、张谬公、宣永光、吴秋尘，皆自第一年起即为本报属文者也。赵蕃生，本报报头图案出其手，且曾为译英文至数载以上者。章少枏，则始终经理本报印刷工作者也。"

得到五周年纪念银牌后，张厚载益发地为《北洋画报》"帮忙"。当年8月"七巧节"时，他受报馆主人冯武越之邀，以主持人身份撰文《补纪念》刊于报端，说明再次发表五周年纪念稿之"理由"。全文不但构思巧妙，而且才情雅意也跃然纸上：

"北画"产生于十五年七月七日，今年已举行五周年纪念，笔公以纪念之图文，未及尽刊，将于七巧节，为之补载，并嘱为一言。余意"北画"五年来之进步，为世人所共见，今兹纪念之作，诗文书画，均美不胜收，亦"北画"努力之成效也。以此双七补彼双七之不足，自快人意。牛郎织女于七夕在鹊桥相会，原为吾国美妙之神话，然每年相见一次，王母之约束，无乃太严？自阳历盛行，牛郎织女，似可于阳历七夕举行见面，再于废历七夕，补见一次，此亦快意之一事也！人间天上，欣逢此日，各补其不足，更增无限之快感与美感矣。爰书之，亦聊以供"北画"之补白耳。

　　然而就在他尽情地挥洒才艺之时，也有让他悲愤和悲哀的消息传来。先是1931年9月18日，东三省骤然陷入日军之手。闻此国难，他悲愤不已，立马停止了既定的"票戏"。随后，又听到了老朋友徐志摩空难的噩耗。当年11月19日，诗人徐志摩搭乘中国航空公司"济南"号邮政飞机，从南京飞往北平。途中因遇大雾飞机失事，徐志摩不幸罹难。消息传出，国人震惊，而张厚载更是甚感悲哀与遗憾。11月26日，他以"聊攻"笔名，于《天津商报画刊》撰文《悼徐志摩》，在表达惋惜与哀悼的同时，还披露了他与徐志摩的三次偶遇：

　　距今约莫有十多年的光景，我在津浦车的二等车里，碰到一位清秀俊美的青年。那时车中旅客不多，一间房间里，只有我和他两个人，征途辽远，长夜寂寥，不免彼此攀谈起来，才知道这位青年，便是新派诗人徐志摩先生。当时他那种隽雅的谈吐，和夜深高诵欧美诗歌的清彻声韵，至今仿佛还在耳边，甚而至于走过德州，我们大吃油鸡的风味，至今还在我的脑海中，留下一个印像。

　　我从上海回到北平，又曾在石虎胡同的松坡图书馆里，和他见过一面。后来我为了生活问题，从北平到天津，从此便和他音问隔绝，然而他在文坛上的光芒，是随处可以见到的。今年四月间，我从天津到上海，当浦口渡江的时候，不料又在渡舟上，遇见了这位诗哲，彼此问好，紧紧的握了一会手。那时江水滔滔，微风拂拂，我和志摩先生凭栏小立，更显得他那种萧然绝俗的丰采。临别时，（他）将一本《国闻周报》送给我，说是他已在车中看完，或者我还可以看看，一破旅行中的沉寂，我只好深深地谢了他的好意。

从这次会面以后，便再没有机会一见，而岂知就此永不相见，他竟因飞机失事，溘然长逝。这真是万万想不到的事，而使我大吃一惊，为中国文艺界，痛惜这样一个人才，同时回想到两次旅行相值的情景，更叫我伤感万状。

咳！现在中国，真是危急到了万分，国如累卵，民不聊生，死于饥馑，死于灾荒，死于战祸，而在帝国主义横暴的刺刀之下，更是随时随地可死。现在国人，不是大声疾呼，要誓死救国么？死又算得什么？然而志摩先生，这样的美才，这样的惨死，我们总觉得实在是冤枉，实在是不值得，这更是可为悲伤悼惜之一点了。

虽然徐志摩的死让他觉得悲哀，九一八国难更使他感到悲愤，但作为一介文人，他也只能将悼念之情和郁闷心态付诸笔端了。此后的一段时期，他把工余的主要精力都用在了写作和编报上。当然，让他感到欣慰的事情也有，那便是随着京剧在市井间的繁盛，他对十余年前在北京大学与胡适、钱玄同等人有关戏曲的那场论战，有了胜利者的感觉。

1932年7月9日至12日，他在兼职的《大公报》第11版上，以眉题"往事重提话旧剧"，正题"十五年前的笔墨官司"，副题"胡适之与张聊止往返争辩两封书"的形式，分上中下篇刊出了当年在北京《晨钟》报上，他与胡适的通信，并撰编者按云：

> 距今十五年前（民国七年），北平一班新文学家，对于中国旧戏，大加攻击，如钱玄同等，至骂脸谱为粪谱，而胡适之博士亦以正在竭力提倡白话文的关系，主张把旧戏废唱而归于说白。当时张聊止在《晨钟报》（即是后来《晨报》的前身）上曾说他的主张，是绝对的不可能。胡适之特地写封信，同张辩论，张亦复信答辩，来往的信，都在《晨钟报》上登过。新近某君从他所留的旧报里，把这两封信，钞了下来，现在读着，也很有些意思，且可以看出当时文学家对于戏剧问题论辩的意趣，亦足供近来一般戏曲家的参考。

文中说的"某君"，应该就是张厚载自己。可见此时他已不再忌讳当年的那场噩梦，而且是以胜利者的姿态在回眸那段曾经让他"辛酸"的往事了。

写作和编报的日子让张厚载感到充实，此时他已完全从昔日的"忧伤憔悴"中走出，彻底融入了津沽文化圈中。

当年秋天，画家童漪珊与沈慧华在天津维斯礼堂成婚，南开大学创办人张伯苓以天津话证婚，幽默风趣引来满堂笑声。喜宴之后举行游艺表演，有"海怪"之称的严修之孙严仁颖与有"陆怪"之称的张伯苓之子张希陆合演魔术，严仁颖又与画家左小蓬等人表演四簧《童家乐》，画家孙之俊一人客串三角演唱《鸿鸾禧》，票友江文兰演唱歌曲《毛毛雨》，而张厚载则献上了拿手好戏《黄鹤楼》，为其操琴者，为《大公报》馆的著名画家赵望云。

1933年12月27日至29日，他在《大公报》上连载了戏评《〈长坂坡〉谈片》。翌日，他在该报又发出了保护戏曲遗产的呼吁：《维持昆弋班之切要——为北平昆弋学会进一言》。

1935年2月13日至14日，他于《大公报》连载了《佛的扮像问题》，从理论上探讨戏曲表演的得失。转天，他又在该报发表了钩沉戏曲史的《今剧与古院本》。5月3日，《大公报》还刊出了他的随笔《戏剧闲评》。6月

2日至4日，该报又连载了他的《谈梅客话》。

同年8月15日，艺术画报《维纳丝》在津创刊，他虽是主要撰稿人之一，但10月出至第4期时，却因主办人离津而停刊。翌年7月15日，他受天津名士、电影明星王次龙之兄王伯龙之邀，于法租界圣鲁易路（今营口道）仁和里9号将其复刊。初期二人雄心勃勃，分别在北京、上海设有分社。王任主编，多方与京沪电影戏剧界联系约稿；张任撰述，亦广约京沪名流文人撰著。一时间，方地山、王小隐、吴秋尘、寿石工、刘云若、姚灵犀、巢章甫、丁聪等数十位文化名流积极响应，或参与编辑，或撰稿发文。作为主撰，张厚载曾推出《戏剧闲评》《谈梅摘录》等一系列戏曲赏评文章。后来他离津赴沪，画报遂于1937年初停刊。

1936年1月19日，已将《北洋画报》兑给天津同生照相馆经理谭林北的冯武越，因肺病逝于北平德国医院。此时恰值春节前夕，按白事不逾年旧习，当日下午三时便在医院举行了入殓仪式。因事发突然，天津的友人只能前往冯宅吊唁，最先到者，便是张厚载。随后，他又陪冯之妻弟赵道生乘火车于当晚七时赶到北平东四北柏林寺，见到了暂厝于此的冯之棺木，并与先后赶来的唐立厂、宣永光（老宣）、王小隐、吴秋尘等人为之守灵。

是年5月3日，他又参与安排了在天津日租界松岛街（今哈密道）妙峰山下院禅林举行的冯武越吊唁仪式。相知相交整十载，如今天人永隔，张厚载悲痛难忍，自此便与《北洋画报》作别。

当年10月，因为业务需要，张厚载接到交通银行高层调令，要其到上海总部工作。对此，他虽然难舍生活了十年的津沽和这里的文友，但还是愉快地接受了调动，正如后来他在《歌舞春秋》中说的那样，"民廿五年，交行调余至沪总处任事，遂与津报界脱离"。

张厚载此番南下，是全家同行。据笔名为"青山老农"的著名书法家黄葆戉1951年为《歌舞春秋》作跋时披露："余侨寓海上三十年，与张君翏子结邻日久，彼时各为口忙，居虽迩而迹疏，盖翏子于一九三六年自津挈眷返沪，居慈孝邨。"

位于新闸路上的慈孝邨，是典型的上海石库门弄堂，其入口过街楼上的弄名"慈孝邨"三字，便是黄葆戉所题，从落款"民国二十五年九月"可知，张厚载1936年秋移家迁沪后的新居，是刚刚竣工的新房。当年居此者，既不富亦非贫，多是家境一般的工薪层。张厚载安家于此，恰恰符合他银行职员的身份，而且他仍按天津的斋号，称其住所为"养拙轩"。

甫至上海，他在公务之余，仍是眷恋报行，曾兼职于上海《立报》。该报创办于1935年，成舍我任社长，萨空了为主编，因二人均为报业行家，故而虽是小报，但内容却能与大报相媲美。张厚载能够来此兼职，是主编萨空了所约。他俩是老朋友，萨空了早年在北京时，曾向天津《东方时报》副刊《东方朔》投稿，由此与该版兼职编辑张厚载相识。后来萨空了又被《北洋画报》聘为特约撰述，遂与张厚载成了"同人"。因此，当张厚载来沪后，萨空了第一时间便将他聘为《立报》副刊的兼职编辑。

《立报》共有三个副刊，其一是复旦大学教授谢六逸主编的《言林》，所发文章较为严肃，郭沫若、茅盾、朱自清、郁达夫、夏衍、老舍等均为其作者；其二为主编萨空了亲自操刀的《小茶馆》，读者对象主要是劳动者，常为劳工呼吁；其三则是张厚载主编的《花果山》。据《旧上海报刊史话》一书介绍，在张厚载之前，《花果山》的主编是著名报人张友鸾，而在他之后，则分别为资深报人兼著名小说家包天笑和张恨水，"这个版面的副刊适合一般的市民、商人和自由职业者，它的读者群较大"。

在上海，张厚载并不感到寂寞。如果说客居天津时，其常年置身于文人圈和票友界的话，那么到了上海，他在主业和兼职以外，接触最多者，则是戏曲界及"梅党"中人。

因为继1928年"梅党"领袖冯耿光随中国银行总部迁居上海后，1932年冬天，结束了与孟小冬婚姻的梅兰芳，也移居沪上，先是租住静安寺路（今南京西路）的沧州饭店，随后便在法租界马斯南路121号（今思南路87号）租下了程潜的一处花园洋房安家。有此二人在沪，戏曲界以及包括张厚载在内的"梅党"同人，便能常聚。如许源来在为张厚载的《歌舞春秋》作序时，就曾回忆说：

> 民廿五年（1936），君（张厚载）奉调来沪，余亦先期南来，是年冬，与家兄（许姬传）置酒小酌，叶玉虎、冯幼伟、周梅泉、沈昆三、梅畹华、姚玉芙、程御霜，一时咸集，君亦应邀而至，酒半酣，从弟伯道摩笛，畹华、御霜，合唱《刺虎》毕，余强君起歌《弹词》，声韵悲凉，举座为之击节。

张厚载（后排左一）与梅兰芳（前排左二）、文公达（后排左三）、赵叔雍（后排左二）等"梅党"中人在上海合影

1937年2月初，常年在外巡演的梅兰芳结束在天津、北平、济南的公演后，回到上海，在准备赴南京大华大戏院演出的前夕，张厚载来到梅宅探望。随即，沪上报界名流狄楚青、文公达、赵叔雍、贺湘槎也相继登门。上海心心照相馆主人徐小麟获悉后，匆忙赶来，邀请众人到照相馆拍照。于是大家欣然前往，留下了多张合影。两年后，梅兰芳息影舞台，隐居香港，为解沪上戏迷"思梅"之苦，狄楚青遂将其中的一帧刊于报端，并作说明文云：

> 畹华前年游沪，心心照相馆主人徐小麟君曾邀往摄影。沪上名流不期而至者有张镠子、狄楚青、梅畹华、文公达、贺湘槎、赵叔雍诸人，合撮一影，以留鸿爪。顷畹华重来海上，复展斯图，回忆旧游，弥加诊视，因并附刊于此。

然而这种"歌舞升平"的日子并未持续多久，随着1937年7月7日北平卢沟桥事变，日本军队强占中国领土的暴行便全面展开。当年8月13日，日军又在上海开辟了第二战场，武力进犯吴淞、江湾等地。当日，与国民党市政府从江湾新市区仓促撤回枫林桥旧址同时，六万多难民也蜂拥地挤进公共租界和法租界。

　　但租界亦非安全之地，据老报人陶菊隐在《孤岛见闻——抗战时期的上海》一书中回忆，就在战事发生后的第二天，8月14日下午四时许，南京路外滩华懋饭店与汇中饭店之间的一段马路上，突然掉下来四颗炸弹，沙逊大厦楼下铺面花店、古董店、珠宝店的橱窗全部化为齑粉，汇中东楼被炸去一角。马路上有轨电车的电线也被炸断。"这是上海租界区的第一次被炸。"

　　而半个小时后，"只听得天崩地裂般一声巨响，一颗炸弹不偏不歪掉在大世界十字路口。站在街心螺旋形铁架上指挥交通的越南籍巡捕立即坠落下来，化为一团肉酱。铁架偏南约一码之地的马路上也炸成了一个深约一丈多、直径约两丈的大窟窿。大世界的天棚被全部震毁，附近中西药房、五味斋食品店的橱窗玻璃都被震碎。这是公共租界与法租界分界的一条马路，车辆与行人往来如织。适有公共汽车两辆、私人汽车十余辆经过其地，马路上就像飞来一阵红雨一样，车中乘客血肉模糊，死伤共达四百余人"。

　　新闻路上的慈孝邨，处于公共租界的边缘，居此的张厚载一家虽幸免于难，但确已感受到了战争的恐怖。

面对如此局势，设在上海的交通银行总部迅速实施一系列调整措施。据《交通银行史》记载：1937年8月13日，奉财政部之令，交行上海分行自上午十点一刻起休业。17日，遵照财政部战时管理办法，其又恢复对外营业。由于张厚载供职的交行总部位于上海外滩14号，面临黄浦江，靠近中日交战地点，为保障安全起见，总部决定暂时迁至法租界霞飞路（今淮海中路）889号与891号临时办公。9月21日，在财政部主导下，交行对相关机构进行调整，将总行改组为总管理处，仍分业务、发行、储蓄信托三部。11月，总处发行部迁移到香港办公。12月，总处奉财政部之命迁往汉口。

1938年8月，随着日军进逼，总处从汉口撤出，一部分人员西迁重庆，董事长胡笔江、总经理唐寿民带领大部分职员移至香港，由此形成总处分驻重庆、香港两地的格局。随后，总处又将绝大部分管理职能移往香港，并开始谋划在西部地区筹建网点。早在当年2月，财政部便电嘱交通银行须在重庆、衡阳、昆明、贵阳等地设立分支机构。10月，《财政部拟具第二期战时行政计划实施具体方案》出台，其中规定：在西南大后方，"中（央）、中（国）、交（通）、农（民）四行，如尚无分置机关者，至少应商定一行前往分设机关"。

对财政部的要求，交行积极配合，据其1939年4月的上报文件称，"截至最近止，西南方面……交通银行已筹设蒙自、曲靖、思茅、柳州、南宁办事处"。而由总处直辖的昆明分行，也已于1939年2月开业。当年8月7日，财政部又发出《第二期战时行政计划函》，再次对铺设内地金融网的规划做出明确规定，并特别强调时间的紧迫性，"督促中、中、交、农四行迅就西南、西北金融网计划从速完成"。

在交行的这一系列运作中，张厚载不但舍家别眷地随总部迁徙，始终没有脱离岗位，而且还自此终止了他写作近三十年的剧评文章，义无反顾地从香港总部下沉到西南网点的筹建中。对此，他后来在《歌舞春秋》自序中曾有简要追忆："抗战军兴，奔走港滇各地，从此谈剧之作，遂尔搁笔矣。"而与其在上海结邻十余载的黄葆戊则在《歌舞春秋》跋中说得稍微具体："旋以抗战军兴，（张厚载）复只身远投港滇各地，席不暇暖。"这里的"只身"，是指单独一人。个人独自远赴香港与云南各地开展工作，可谓"席不暇暖"，艰苦备至。

　　比他们二人说得更详细些的，是银行业内史料："抗战时，（张厚载）随交通银行迁昆明，任该行三科科长。他到哪里，都是胸怀祖国，为人耿直，笔耕不辍，努力工作。"支持此说的，是发表在《中国京剧》1997年第六期上的《张厚载及其京剧评论》一文。作者沈达人写道："抗日战争期间，（张厚载）随交通银行迁昆明，任该行三科科长；因触犯上司被降级，回天津任职。"但是此两说所据为何，目前却是不可得知。

　　张厚载老友吴云心晚年曾著文评价他"为人憨厚，友朋间无恶声，且乐于助人"。此前玩票的永兴国剧社"社友小志"中，称他"和蔼可亲，故人乐与之游"。其沪上邻居黄葆戊也在《歌舞春秋》之跋中说他"诚笃纯挚，于友朋中重然诺，敦气谊"，"憨直不挠"。而他的另一位朋友吴秋尘则在1931年便说，他"向不予人难堪"，"醇厚盖出天性"。

　　如此的品性和为人，又怎能无端"触犯上司"而惨遭"降级"呢？如果此事存在，那应该与当年被北京大学开除一样，又是认真执拗、"憨直不挠"的性格使然。当然，在事情真相没有搞清之前，这只能是猜测。目前能够证实的，是张厚载后来确实又回到了天津。

三隐津沽"听歌想影"

　　1939年秋末，张厚载因"故"离开了分设于香港的交通银行总部。但他没有从筹建西南网点的滇边回到已经安家的上海，而是携家眷仓促返回了刚刚经历过特大洪灾"洗劫"的天津。这应该是交行总部的安排，因为淞沪会战后，上海沦陷，虽然租界尚为不受日方统治的"孤岛"，但日军却一直在觊觎着租界内的交行总部大楼，并强令租界外的交行分支机构改组，以为己用。

　　而"孤岛"内，也是风声鹤唳，危机四伏。尤其是1939年2月，更是被称为"恐怖月"。据陶菊隐《孤岛见闻——抗战时期的上海》一书记载，在2月一个月之内，租界发生恐怖案18件，被打死者21人，被打伤者10人。故此，自当年春季开始，留守在"孤岛"内的交行人员，便已感到危在旦夕，他们遵照总部指示，正在紧张地进行并账、转账和撤退工作。

处于如此态势之下，张厚载再回上海已无任何意义，于是总部便把他派到了曾服务多年如今虽属沦陷区但尚处租界内的天津交行。这样，既可以发挥他业务上的长处，同时还可以缓解一下他与总部上司间的矛盾。因此，从这个角度来说，张厚载此番再入津门，也带有"避祸"隐居的意味。

再莅津门，张厚载没有重回曾经租住过十年的老宅，而是在法租界葛公使路（今滨江道大沽路以东）恒安里租下两间平房当作他的"养拙轩"，与老朋友、著名画家赵松声成了邻居。此时的天津，在饱经日军两年多的侵占和蹂躏后，市面已被粉饰成所谓的"歌舞升平"，而且日伪眼下还正在大张旗鼓地开展殖民统治的"建设东亚新秩序运动"。

安顿好家人，张厚载便去交行报到。因受到法租界工部局的庇护，交行天津分行此刻尚能正常营业。其对外业务，亦通过外商银行传寄电信，与上海、香港保持

　　20世纪30年代的天津法租界福煦将军路（今滨江道）与杜总领事路（今和平路）交口处，已是天津最为繁华的地区，张厚载的"养拙轩"便在此附近

着频繁业务联系。银行业务依旧，但沽上的旧朋老友，如今却发生了很大变化。

他刚刚安顿下来，便从报纸上看到，自天津沦陷便开始在地下印行的抗战小报《高仲明纪事报》，于9月28日被日伪查封了。其秘密编印者顾建平、林墨农、孔效儒都是战前他在天津《大公报》的文友，好在他们均幸免于难，分别跑向了大后方。他又从友人处听到，昔日报界名流刘髯公（《新天津报》创办人）、生保堂（《益世报》经理），均因不肯与日方合作而惨遭杀害。他佩服这些人的义举并觉得悲壮，同时他也对一些人的作为感到惋惜与不耻。

除早年曾提携他的方药雨（方若），在沦陷之初便参与组织了天津伪治安维持会外，当年在沽上文坛与他走得最近的王小隐与吴秋尘，此时也都先后落水，前者在故乡兖州担任了日军翻译，最终因愧食伪禄而自缢；后者则在他返津前夕附逆投敌，出任了天津伪新民会宣传部部长。也正因此，在张厚载此番的居津岁月中，再也没有见到他与此三人有任何来往的记载，即使后来方药雨当了伪天津市市长，他也是避之不及。其间，他工余所接触的，多是一些隐居不事伪职的名流寓公及文坛名宿。

抗战全面爆发后，天津文人中的一部分或离津南下，或去了抗战大后方，留下者可分为三类：其一是身体力行的抗日者，如顾建平、刘髯公等；其二是经不住威逼利诱的附逆者，如何海鸣、吴秋尘等；其三是持有节操的不事伪职者，如吴云心、刘云若、白羽等。其中的前两类只占少数，更多的是后一类。

而刚刚到津的张厚载及他这一时期所交往的文友，便是属于第三类。他们既不甘心做亡国奴，又不敢明里暗里进行抗日，只能在心底里保持着中国人的节气与操守，洁身自好，不助纣为虐地为敌伪做事。但他们又都有正当的职业和正常的收入，能过着较为体面的生活，于是便私下里经常往来，借着各种交游和文娱来冲淡心中的郁结，诗酒风流表面下掩盖的是愤懑与哀愁。

王伯龙既是沽上名士又是文坛名宿，当年曾与张厚载在津一同主持过艺术画报《维纳丝》。张厚载这次重返天津，自然要前去拜望。于是秋末的一天，在名票夏山楼主韩慎先的陪同下，他踏进了名为"不易此楼"的王宅。关于此楼名号，过后他曾著文云，因王伯龙在英租界大兴村（今重庆道）有小楼一栋，友朋常聚此雅集，故

张厚载（后排左一）在津与文友及女艺人合影

取《聊斋志异·云翠仙》中"得妇如此，南面王不易也"之典而名之。

当日就在主客暌违三载大叙其旧之际，友人王家瑞亦至。闲聊间，四人开始作"诗钟"游戏，并相约此后"每星期六之夕，会于斯楼"。王家瑞更是倡议此雅集称谓可名为"不易社"，每次作诗钟饮佳酿之外，再加吟哦歌唱，杂以清谈雅谑。此后，刘云若、陈少梅、常小川、赵道生四人亦先后加入，坊间遂有"不易社八仙"之称。

据当年《立言画刊》所登《不易社诗钟雅集》记载，"诗钟"一般限一炷香工夫吟成一联或多联，香尽鸣钟，众人交卷。当时他们常以"八仙"人名作嵌字格，有几次是用"云若"，如张厚载就曾作"首唱"（即将"云""若"分别嵌入两句之首）两条：其一为"云当夏令常变幻，若有人兮欲出来"。其二为"云情蜜意常思我，若个文才足比肩"。众人闻之，皆拍手称绝。

不久，郭重霖、吴清源等文人又相继入社，"不易社"则变成了"神仙会"。对此，张厚载曾有文记述：某晚，他和常小川、王家瑞、王伯龙、郭重霖等人，在法租界致美斋饭庄为韩慎先补过生日。席间，众人诗酒唱和，谈兴甚欢。饭后，大家意犹未尽，又至"不易此楼"

续谈。"伯龙诸兄，忽作神仙之想，遂各以神仙为号。"其中，常小川曾任财政局局长，因号常财神；王家瑞曾任土地局局长，因号王土地；王伯龙以龙为名，因号龙王（其寓所称为龙宫）；郭重霖名字中有"霖"，故号雷公；张厚载与韩慎先因与仙人同姓，故分别名为张果老与韩仙子。为纪念此得名，张厚载当场赋诗云："土地财神各醉哦，骑驴采药更高歌。诗人忽作神仙想，不易楼中乐事多。"从此，"不易社"又称"神仙会"，众人相见，均以神号相称。

在此期间，张厚载还参与了复建天津著名文人社团"城南诗社"的活动。据当时所刊《天津城南诗社源流》一文称，该社创办于辛酉孟夏（1921年5月），由津门乡贤严范孙、王守恂、赵元礼、李金藻、吴子通等人发起，每逢重阳举行例会，当时天津知识界名人几乎全部参与，因雅集地点位于城南（一说南市）而得名。1929年严范孙逝世，社务初由赵元礼主持，后因其多病改由管洛声操办。1938年管洛声去世，加上日伪骚扰，诗社一度停办。

1940年初，《新天津画报》曾报道，上元之夜（正月二十五），张厚载、王伯龙、陈葆生、章一山、吴子通、石松亭等十余人，在杏花村酒楼雅集，众人"即席商定恢复城南诗社，每周聚餐雅集，以杏花村酒楼作社集之地，依昔时蜀通饭庄原例行之，择于三月三日（星期日）上午十二时作庚辰年第一次公宴，分韵赋诗"。自此，城南诗社文脉重续，而张厚载不仅是其中的积极参与者，而且还曾一度协助新任社长王伯龙操持社务。

因早年曾从林纾学习过山水国画，这一时期张厚载还时常与沽上画家相往来。辛莲子既是报人又是知名漫画家，其从1940年初便开始以唐人诗句为题材，创作系列诗画刊于报端。张厚载在著文予以褒评后，还鼓励其多多挥毫，以期日后编辑成册。

当年10月，著名舌画家黄二南抵津，寓津的江苏督军李纯长子李子洲在家设宴招待，特约张厚载与其邻居名画家赵松声及丹青高手陈少梅、吴迪生等作陪。据张厚载事后刊发在《新天津画报》上的《千松楼观画记》所记，酒足饭饱后，由李子洲操琴，他与陈少梅即兴唱罢京剧，又一同鉴赏古人字画。最后，应主人之邀，黄二南、赵松声、陈少梅三名家合作一画，当赵松声请他为之补竹时，他虽技痒，但碍于高手之作，未敢轻试。当晚，"既饱盛宴，复观名作"的他，遂撰文以记之。

在频繁出入文人社团和与画家相往来的同时，张厚载对朋友的事情也是格外上心。

冯武越病逝后，其妻弟赵道生便将经营多年的大华饭店转售给了律师王幼云。经过一番改造，1940年10月10日，新记大华饭店在原址隔壁的寿德大楼重新开业。为了让客人不忘老"大华"，他遂以《新天津画报》记者的身份，对"大华"历史予以介绍。

书法家章一山为浙江台州人，乃晚清大儒俞樾高足，晚年寓居天津日租界宫岛街（今鞍山道）静园，鬻字为生。1940年张厚载为给已故诗友陈葆生遗著题词事，登门拜访，看到正在挥毫的章氏"下笔纾徐，手腕灵活，扇面屏条，笔无滞机，皆一挥而就"，遂心生崇敬。翌年冬季章氏欲南归，行前散出藏书约七千册，均被书商低价收购。其好友金息侯获悉阻止未及，便将章氏所余藏书及名人字画标价编目代售。其中前民国总统徐世昌、书画家溥心畬等人所赠墨迹，正是经张厚载多方奔走，方才物有所值地各得其主。

同为1940年，刘云若的长篇社会小说《旧巷斜阳》在《新天津画报》连载并造成轰动，书中女主人公谢璞玉的悲惨遭遇引起众多读者关注，人们纷纷在报刊撰文展开讨论。对于好友的这部新著，张厚载除及时撰文予以介绍外，还由小说内容引发到社会问题的讨论，从而升华了老友作品的社会意义和现实作用，进一步助推了此书在当时的影响。如文中写道：

> 聪明的读者们，应该知道像璞玉这样穷苦无告，以致堕落到十八层地狱里的女子，事实上，正不知有多多少少。而她们能够遇到一位像张二爷那样热心人的，却是几千百里，不一定有一个。在现实社会上看来，璞玉实在太多，而张柳塘又实在太少了。……注意璞玉的许多人们，不要只顾念小说中的一个璞玉，应该顾念到社会上许多的璞玉。不要只希望小说中的一个璞玉获救，应该希望社会上许多的璞玉获救。像张柳塘张二爷那样的人，恐怕只是小说的人，社会上的许多璞玉，当然不能个个遇到张柳塘，那只有盼望一般社会，群策群力来设法救济她们了。

抛开书中人物不谈，而去探讨那个时代的妇女命运。虽然没有也不可能明确指出到底该由谁来解救"她们"，但其发出的呼唤，已足以让人们去认真思考这个社会的问题了。此文在替刘云若小说增强社会性的同时，亦反映出这一时期张厚载思想意识的提升。

时光进入了1941年，这虽是天津沦陷的第四个年头，但由于英、法等国租界的存在，加上敌伪为了粉饰太平，都市表面又呈现出了"歌舞升平"。此时坊间戏曲繁盛，小报频出。随着国内各路戏曲名家纷纷踏入津门，登台亮相，大量打着"剧评"旗号的"捧角"文章也充斥于各种报刊。对此，沽上文人何怪石、双吉斋同时在天津《游艺画刊》撰文，指出这些"评剧家"的弊害。

当年5月16日，张厚载以"聊公"笔名，也在天津《游艺画刊》上发表文章，宣称自己不是"评剧家"。在这篇名为《评剧家头衔在西国剧界有崇高地位，余三十年来实不敢接受》的"告白"中，他写道：

> 本刊上期载两篇文章，一为何怪石先生之宏论，一为双吉斋主人之大著，内容皆对于一班所谓评剧家者，痛下针砭，词严义正，切中时弊，实获我心，不胜佩慰。

评剧家一名词，自民国成立后，始有之，盖原于西国之Dramatic Critic，其在西国剧界，颇有相当崇高之地位，以其对剧本编制，及伶人表演，均有严正之批评，可以促戏剧之进步故也。评剧家之名词，传入中国以后，至今一般社会，对之并无若何良好印象，其故安在，则怪石与双吉之言，殆足以尽之矣。

余于前清宣统三年，来津避难，即在方药雨先生所办之《天津日日新闻》，作评剧文字，其时皆系试作，只寥寥一二语，极为简单，不过就我个人短浅之见，略加记述而已。民国成立以后，历在北京《亚细亚报》《公言报》《星报》《光报》《北京晚报》等，随时投稿，仍以关涉旧剧之文字为多。在《公言报》投稿时，一面尚在北大肄业，竟以拥护旧剧之故，与新派文学家，打笔墨官司，引起轩然大波，直至今日，余拥护旧剧之宗旨，迄未稍变，在各报投稿，亦仍多评剧之作。

然余对评剧家之头衔，则至今避之唯恐不及，有以评剧家见称者，余亦惶恐敬谢不敏，或询以故，谨答如下：余所作关涉戏剧之文字，仅对于某伶剧艺，作粗疏简略之批评，实际余自身对于戏剧艺术，亦毫无研究。所谓批评，亦只就余个人之直觉，稍加记载而已，且余因三十年来，不断观剧写稿之故，对于伶界方面，直接间接，均不无友谊关系，因此所作批评，大都以好评为多，只有奖掖揄扬，决无攻击非难，偏于感情，缺乏理智，此种批评自问实毫无价值，又何敢以评剧家自居。

批评戏剧及伶人之作，既无足观，此外则记述剧界及伶界之旧闻轶事，所谓梨园掌故者，其于戏剧之促进，更毫无影响，既非评剧范围以内之事，自更不得窃取评剧家之美名。而况梨园掌故，多得老伶口述，颇少书籍考证，所记是否信史，自己亦不敢知，（某报有人，谓余记陈德林事，为无稽之谈，诚然诚然），又安敢以此沾沾自喜。

以上皆为余绝对不欲接受评剧家头衔之原因，此外尚有其他种种之原因，则怪石与双吉两篇文章所记，或亦不无关系，自更不必赘述矣。

从文章语气看，显见是针对何怪石、双吉斋的言论进行反驳并澄清自己。但就在这些话语里，张厚载却无意中透露了他写"评剧文字"的所有信息，包括起始时间、刊发媒体、所写内容以及自我评价等。应该说，此文确实是他在写"评剧文字"方面实事求是的"自供状"，只不过内容过于简略罢了。

随着时间的推移，驻津日军已不满足所占区域，他们将目光盯向了"歌舞升平"的英法租界，不断地以各种借口封锁要道制造事端。面对如此局势，身处租界内的张厚载等一众文人，为了避免不必要的麻烦，从年初开始，便减少了交往与聚集。

为了排遣寂寞与郁闷，工作之余的张厚载，便将此前三十余年刊发于各报的剧评剪报翻出，在慢慢品读着昔日文字的同时，也在一幕幕地回忆着当年红氍毹上的珍闻逸事。

一日，他忽有所感，眼下由天津伪社会局、警察局、教育局共同组成的"影片戏曲检查联席会"，对各类京剧剧目或禁演，或删改，严控有碍他们奴化统治的内容出现，使得此刻看似"姹紫嫣红"的戏曲演出，实则剧目残缺。而一些影响巨大的名伶如梅兰芳等，更是息影舞台久矣，人们只能在交谈中追忆大师们昔日的光彩，由此便不免产生一些不实之词。随后，他又联想到，如今山河破碎，恐怕国粹难以为继，泱泱大中华或许在某一时刻就会文化失传。

正是有感于此，他觉得自己经年累月积攒下的这些笔墨，无疑是戏曲舞台的真实记录，是中国传统艺术的一手史料，于是他有了将其加以遴选后，付梓成书传布于世的想法。为了体现初衷和眼下的心境，他为该书取名《听歌想影录》，并在当年元月写出了一篇既有说明又含伤感的自序：

　　余自幼笃嗜戏曲，以听歌为乐，清季所观名伶演剧，未及笔录，都已不能省忆。民国以来，历任旧京各报剧评，随观随记，刊布以后，剪贴于册，三十年来，盈篇累牍，置之箧中，不忍弃也。寒窗无俚，偶加检阅，评论是否有当，不敢自知，自有持于方家之指正，而所记伶工剧目、地点时日，则均属信史。迩来国剧日盛，谈梨园掌故者日多，余之所记，或亦足供谈剧者之一助欤，他日倘有纂辑剧史者，于此或有足资采择者欤。爰先将开国十余年来所记，稍予增删，付之剞劂，名之曰《听歌想影录》，凡伶官之浮沉，剧场之兴废，此中均可概

见。所谓"想影",盖亦前尘影事,不堪回首之意
耳。歌衫舞袖,入目皎然,俯仰之间,都成陈迹,
读斯编者,其亦不胜沧桑之感欤。

　　民国三十年一月,青谿张谬公序于津门之养拙轩

　　此序在破题时,虽解释了"想影",但未涉及"听
歌"。其实"歌"乃"戏"也,1944年梅兰芳戏词付梓,
便称《梅兰芳歌曲谱》。此外当年看戏多称"听戏",梅
兰芳便在《舞台生活四十年》里说,"那时观众上戏馆,
都称听戏,如果说是看戏,就会有人讥笑他是外行了。
有些观众,遇到台上大段唱工,索性闭上眼睛,手里拍
着板眼,细细咀嚼演员的一腔一调,一字一音。听到高
兴的时候,提起了嗓子,用大声喝一个彩,来表示他的
满意"。据此可知,"听歌"即"看戏"。

　　1941年10月,13万字的《听歌想影录》由柯缦庭经
营的天津书局出版。全书226页,共收1913年至1918年
刊发在北京《亚细亚报》和《公言报》上的剧评文章
108篇。书名及副题"国剧春秋"均由其父执、时年
63岁的老进士金息侯题写。书前除自序外,尚有金氏所
作《〈听歌想影录〉题》:

1941年天津书局版《听歌想影录》封面

张君聊公，吾年家子，博闻多识，文艺尤精，诗词书画，以及戏曲、跳舞，无不兼擅其胜，梨园掌故，日有记载，见之各报，余至乐观之。余旧史氏，重记实而不尚空言，春秋之作，托之空言，不如见之行事，此物此志，唯聊公与我有同好耳。余昔修《清史》，颇拟仿欧史，增伶官，惜不得聊公其人，为之载笔，及今思也，犹有缺憾。聊公近以《听歌想影录》属题，所记皆三十年来伶界故实，不愧信史，余意即当名为《国剧春秋》，题签遂兼署之，不知聊公见之，以为如何。

庚辰腊日息侯金梁

在金息侯的眼中，此书足可称为一部中国京剧史书，故曰"国剧春秋"。此外，其文所言张厚载擅跳舞，也是有缘故的。前文已述，张厚载对跳舞有极大兴趣，他与梅兰芳初识，便是在北京的跳舞大会上。及至来到天津，舞场也是他除戏院外的又一常顾之地，并写有多篇有关跳舞之文。而且就在金息侯写此题记的前11天，亦即1940年的圣诞之夜，重张的大华饭店举办交际舞会，老板王幼云邀城南诗社的金息侯等一众人捧场，其间他请金老跳舞，金因年岁较大，遂请张厚载代表他与名票近云馆主（杨慕兰）合舞。或许那晚张厚载跳得太好，给金老留下了深刻印象，故而很快便被他写进了题记中。

《听歌想影录》梓行后，反响颇佳，不但如张厚载沪上近邻黄葆戊所言"风行甚久，为各界所欢迎"，而且还行销全国，备受业界瞩目。据张厚载老友李秩斋1951年回忆：

> 余十年前，于役渝州，山居多暇，始从事弦歌，周谘博采，以考证之法，求当年名家之声音笑貌于楮墨之间，偶从赵君荣琛斋中，见镠子所撰

《听歌想影录》，为之狂喜，是时镠子偃处津门，此书杀青后，间关三四千里而入蜀，盖不独喜见镠子之书，抑如坐话春明剧史，历数日夜而不息也。

按张厚载后来在《歌舞春秋》自序中所言，此书开编时，他曾有过将"京津各报刊载剧评，除民二至民七，《亚细亚报》及《公言报》所载，已编为《听歌想影录》"外，"其余自民八至民廿四年间，京津各报所载，他日或当另辑《听歌想影录续集》"的想法。而且在此书行销之初，他也确实开始了续集的编纂。但旋即到来的时局陡变，让他在惶恐和焦虑中打消了续编的念头。

随着"二战"期间日美矛盾的不断激化，1941年12月8日，太平洋战争爆发，美英对日宣战。与此同时，驻扎在天津的日军迅速接管了觊觎已久的英法租界，坐落于法租界的天津交通银行随即落入日伪之手。

早在沦陷之初，日军便已侦知天津交行在英租界领事道（今大同道）原华俄道胜银行地库内存有银圆1900万元，在北京东交民巷法商东方汇理银行库内也存有银圆500万元，因此曾向天津中、交两行逼交银圆5000万元，以作伪中国联合准备银行股本。天津交行经理徐柏园以需向总处请示为由，已离津前往香港一去不回。

此番日军进入交行，不但将所有银圆均占为己有，而且还接管了行内全部业务与账目，并强令改组，逼迫员工依照伪北京交通银行的先例，开门营业，推广伪中国联合准备银行的伪联银券及有奖存款，并办理工商业抵押放款。

面对日军的所作所为，天津交行人员敢怒而不敢言。张厚载等一部分员工先是消极抵抗，随后便不辞而别归家隐居。此时其友人潘侠风正在天津主编戏曲刊物《游艺画刊》，几次上门约他看戏写剧评，他均以兴趣不佳而婉拒。最后经不住潘之诚意，虽答应写稿，但不是

1942年张厚载在天津《游艺画刊》上发表的文章

捧角式的剧评，而是带有掌故性的戏曲短文，如《戏单杂记》等。

失去了生活来源，张厚载一家日子过得颇为拮据，其老友吴云心晚年曾撰文说：张厚载在"日伪时期，虽与当时一些遗老、'名流'过从，但不随流从俗。住法租界恒安里平房两间，夫妻度日颇艰苦，每日饭一盂，辣椒炒白菜一碟而已。除夕买鸡一只，沽酒自饮以度春节，有诗云'只鸡斗酒强为欢'，记日伪时期生活情况"。后来他干脆无事不出院门，"同院为著名画家赵松声，与张时有过从"。

这便是张厚载这一时期的生活状态，虽然此时外面戏院里京剧照演，舞厅依旧，但他已无心于此。1944年他在《玩票琐忆》中写下的这段话，应该是他当时的真实心态与状况：

　　　　近数年来，生事艰辛，穷愁煎迫，票房久已绝迹，所学各剧，束之高阁，今已全部抛荒，曲词除《弹词》外，无论何剧之唱句，几乎一字不记。曲不离口，拳不离手，余于戏曲，口手两离久矣，欲不荒落，岂可得哉？兴念及此，搁笔一叹！

梅兰芳49岁生日时，张厚载画山水图祝寿

　　为了打发这难挨而又苦闷的日子，这一时期他重新拾起了荒废多年的绘画爱好。

　　对其画艺，与他为邻的名画家赵松声曾有《介绍张聊公墨笔山水》一文，刊于1940年8月8日的《新天津画报》上。文称张氏少时师从林纾学画山水，并擅临名画家龚半千笔墨。后到津虽偶有习作，但从不拿出示人。并曝料说，当时画家吴迪生在天津永安饭店举办画展，征求文人作品参加，张厚载受邀后，开始极力推却，后又让赵松声加以指点。赵见其画"气韵深厚，格调高古，迥异时流，不胜赞佩"，遂"强为之订定润格，即暂按余润笔减半核计，且告其专作墨笔山水，以发抒其特具之天才，又岂肯听其长此韬藏，而不为之表白哉"。

　　张厚载画作传世者虽不多，但在藏界仍能见到。如1943年，梅兰芳49岁生日时，他曾为其作国画《山水》，群山瀑布松柏间，古人独坐观景，并有题词曰"畹华吾兄四十晋九初度写此遥祝，缪公时客津门"。此画便被收入近年出版的《君子如党：梅兰芳与"梅党"》一书中。

　　正是有了这等经历，后来他在生活难以为继时，曾经卖画救急。对此，吴云心印象深刻，据他晚年回忆：

　　1944年，沦陷地区生活益窘，伪币贬值，物价腾涨，依靠工资生活者，几无法适应物价之猛涨，尤其是粮食价格一日数变。是时我得赵松声、陈少梅等画家的赞助，拟举办画展，张（厚载）亦赞助，并决与我同时展出绘画作品。张书法工整，画法则力学林琴南，朴实古拙，平日不轻易示人。

　　就是在这样的艰难窘境下，张厚载也一直没有回到伪交通银行复职，直至抗战胜利。

病逝沪上留"戏史"

1945年8月15日中午12时，广播中传出了让人欢欣的消息："日本帝国接受波茨坦公告，宣布无条件投降。"是日，沽上百姓以各种形式喜迎光复，有条件的家庭纷纷按传统习俗吃起了捞面。

张厚载是从邻居赵松声家收音机里听到的喜讯，他让夫人拿出了偷藏的日伪禁止中国人食用的澳大利亚方袋面粉，做成了老北京炸酱面，与赵松声一家同享。饭后，他走出家门，沿着旭街（今和平路）拐到福岛街（今多伦道），走到位于住吉街（今南京路北段）的日本兵营，驻足观望，他再也不怕门外站岗的日军"画圆圈"了，因为此刻兵营内外都是死一般的寂静。

随着抗战胜利,交通银行总部由陪都重庆迁回了上海。据《交通银行史》所记,战时的特殊需要现在已不复存在,"全国政治、经济中心重新向东转移,整体格局向战前的状态回摆。此时,交行整个营业网络呈现西部稠密、中部疏落、东部完全空白的局面。面对新形势,总处按照先前制定的战后恢复计划,以各地实际状况和需要为原则,调整分支机构的布局,部署营业网点的恢复与重建工作"。同时,总处还决定"挖掘原沦陷区内伪交行的人力资源,详细甄别其工作人员,可以留用其中一部分"。

正是在这一指令下,被总处派到天津接管伪天津交行的李钟楚,在将2400万银圆作为敌伪产业运往上海总处的同时,又经过甄别,将张厚载等一批具有气节不事伪职的交行老人召回,按照战前职位恢复工作。就这样,张厚载重新回到了秘书科。

生活来源有了保障,这一时期张厚载心情舒畅。虽然接收大员的一桩桩丑行让他不耻,但事不关己,该上班时上班,工余他又手不释卷,沉湎于戏曲之中不能自拔。但如今他笔下所写,已不是昔日的剧评,而是有关中国戏曲史的考辨。此外，他对京剧尤其是"梅派"艺术，仍是一往情深。其间，他曾致书"梅党"友人李释戡说：

> 近偶阅清雍正年间陆仰山所作《木兰诗》，原序云"木兰姓魏氏，亳州人也，随季父侵辽十二年而归，炀帝知之，纳诸宫，木兰遂自杀焉，因赠孝烈将军，立庙于里，俗以四月八日祀之，呜乎，真无忝于谥哉。云间别驾山阴魏公过其祠，为文以记之，且微诗歌以吊之，亦表扬潜德之意也。乃赋长篇云……"篇中有"忽传天语微宣促，名姝欲得藏金屋，若将歌舞朝至尊，鲛绡三寸埋香玉"等句，按此节为历来考证木兰所未及，弟曾对许源来言之，畹华、慧珠所演木兰剧，如将此节编入，更可增高木兰之评价。现亟待查阅，拟烦葆玥检取，由公转下。

由此可见，即使是在闲来阅读时，他仍在关注着"梅派"艺术，每有所得，必悉心相告。而梅兰芳在抗战胜利后重演《木兰从军》，确已吸纳了他的建议。

除钻研戏曲理论外，此时期他还恢复了与新朋旧雨的交往，并每每兴之所至，还票上一段过过戏瘾。其交行总处老同事李秩斋后来在为他的新著《歌舞春秋》写序时曾说：

> 丙戌（1946年）之秋，自蜀至津，始得重与镠子相处，谭论至多，而互相发明者愈富，三四年中，有剧会之设，研讨之外，继以弄嚣。丁亥（1947年）春，交通银行四十年纪念之夕，余演《失街亭》之孔明，镠子奋起为饰赵云，结束登场，起霸一幕，四座惊叹，退曰："吾少壮时，屡演《借赵云》《回荆州》《长坂坡》诸剧，今老矣，固当演此老赵云也。"时传为佳话，虽伶工亦讶其身手矫捷也。

鉴于张厚载在天津沦陷时期的表现和业务能力，1947年底，交通银行总行下令，再次将他调往上海总部。对于这次调动，张厚载仍是欣然领命，并在《大公报》上以《小楼忆语》和《四维剧话》这两篇随笔，结束了他在天津的笔耕生涯。然而就在行将动身之际，他的肾部出现了问题，在紧急就医控制住病情后，他一边接受沽上名中医的调理，一边赶到上海总部报到。此后的一年多，他就是这样天津问诊上海工作两头跑。

在上海，张厚载仍是住在位于新闸路上的慈孝邨老宅，与著名书法家黄葆戊为邻。其间，他们二人走动频繁，经常在一起切磋唱和。据黄葆戊几年后追忆，张厚载自抗战全面爆发随交行"远役港滇"后，"迨一九四八年始复回沪，过往甚密，余闲居老病，与谬子常以诗歌相酬唱，因佩其学有根底，而益知其为人，诚笃纯挚，于友朋中重然诺，敦气谊，且闻少时肄业北大，为拥护京剧，与胡适之等抗颜辨论，竟至退学，其憨直不挠类如此"。

时光易逝，转瞬便到了1949年初。是年3月，张厚载病情加重，按计划又要到天津去看中医了，可是这次他没有走成。此前的1月15日，中国人民解放军东北野战军经过29小时激战，胜利攻入津门，天津的天，已是明朗的天。此时不但铁路南北断交，而且解放大军正饮马长江，剑指江南。

4月20日，国共和谈破裂。21日，毛泽东、朱德发布进军全国号令，中国人民解放军百万雄师强渡长江。23日，国民党首都南京鼎新。咫尺之遥的上海，旋即战云密布。时局的急速发展，大大出乎沪上市民的预料。那些天，张厚载不但忍着病痛与黄葆戉等人一同分析预测局势，而且他们还偷着传看地下党散发的传单。

5月23日夜，解放军三野发起全线总攻，分别从东、南、西三面攻打上海市区。25日清晨，南京路上永安公司大楼最高处"绮云阁"，鲜艳的红旗已迎风飘扬。27日下午，杨树浦发电厂、自来水厂守敌缴械投降。至此，上海市区宣告全部解放。随后，中国人民解放军上海军事管制委员会金融处，分别对包括交通银行在内的上海所有官僚资本银行进行接管。

5月28日，军管会金融处军代表储伟修、杨修范进驻交行总处后，遵循"依照系统，原封不动，从上而下，整套接收"的接管方针，立即召开职工大会，动员全体员工保护好资财、账册、档案，协助做好接管事项，同时组织各部、处、室建立清点小组和审查小组，进行清点审查工作。

与此同时，对原有员工及机构的处理也提上日程。军代表按照中央既定"包下来"的政策，于9月10日成立了"交通银行整编节约委员会"，经过反复讨论，整编方案确定，交通银行总处及上海分行的原有内部职工精简一半以上，人员安置根据工作需要及本人能力，分别按照留用、调用、参加学习等方式做了妥善处理。最终交行留用人员由原有的1800余人精简为500人左右，其余绝大部分人员均调往新成立的人民银行工作。

在以上一系列接管与被接管中，张厚载虽因肾病加重而未能参与，但军管会金融处对他还是给予了极大照顾。据1951年上海《亦报》刊发署名余苍的文章披露："镠子服务交通银行，是从一九二八年开始，二十一年来未曾脱离岗位，近年患病，不便工作，（病情正如柳絮在本报所报道，相当麻烦。）解放后，曾一度呈请退休，金融处特别予以照顾，仍准按月支薪。一九四九年十月，再请告老，经上级批准，并发给养老金，镠子函中有'种种体恤，感激不尽'之语。"

由此可知，在1949年的开国大典当月，54岁的张厚载从交通银行总处退休，工龄21年，享受退休金待遇。而此前的半年，他虽因病歇假，但工资照发。对此，他除了"感激不尽"，还能够在此后的岁月，拖着病体学习马列主义和毛泽东思想，并以辩证唯物主义和历史唯物主义为指导，写出新中国首部京剧史专著，便不足为奇了。

退休之初的张厚载，一方面居家调养并定期接受中医治疗，一方面努力地融入新的社会环境中。其间，他曾拖着病体去看解放区的大秧歌，据他后来在《歌舞春秋》中云，其老友潘大夫之长公子潘东东当年是天津京剧小票友，成年后成了电影明星，"即今日名满影界之卫禹平也，一九四九年，上海解放不久，余遇之于体育馆，同看大腰鼓，曾谈及其童年演剧事，屈指已二十年矣。最近卫禹平代表文艺界，参加赴朝慰问团胜利归来，大受欢迎"。

此外，他还先后到解放剧场（原名东和馆剧场、胜利剧场）、兰心大戏院，观看了新歌剧《白毛女》和《血泪仇》，并著文认为：

> 这两个戏，都是沿用旧京戏表演上的象征手法，而又采用话剧舞台上的灯光布景，唱调却又采取郿鄠调等等各种戏曲的唱腔，音乐方面，更有新的配合，这都表现了努力进取的精神，同时也发挥了教育群众的作用。这可说是新歌舞戏的模型。将来自然可以按照这种方式，（最好再求其洗练精简），多所创造。尤其是各处地方戏的优点和特色，

更可以大量采用。程砚秋近来正在调查全国各地的戏曲，将来对于戏改运动，尤其是对于创造新京戏和新歌舞戏的工作，一定有很大的收获。

与此同时，他还自费订阅了《光明日报》《解放日报》《文艺报》等四五种报刊，开始学习新意识、新理论和新知识，并对新中国成立后的"戏改"工作给予了极度关注。

1949年7月2日至19日，第一次中华全国文学艺术工作者代表大会在北京召开。会议刚刚闭幕，周恩来便正式传达了中共中央关于建立戏曲改革领导机构的决定。当年7月27日，在周扬的具体操办下，成立了以欧阳予倩为主任，田汉、马彦祥、杨绍萱为副主任，马少波任秘书长的中华全国戏曲改革委员会筹备委员会，并于当日在北京南河沿南夹道63号小红楼内正式办公。10月底，筹委会改称中央人民政府文化部戏曲改进局（简称"戏改局"）。

新时代轰轰烈烈的戏曲改革（简称"戏改"）运动，由此发轫。

经过近一年的学习思考，张厚载这次不但不再保守，反而欣然为戏改工作积极献策。1950年秋天，他致信当时已是戏改局副局长的老朋友马彦祥，阐述自己学习新理论后，对"戏改"工作的理解和认识。对此，1951年他曾在《京戏发展略史》自序里，有过如下详述：

> 一九四九年五月廿八日，上海解放后，我开始阅读关于阐发辩证唯物主义和历史唯物主义的书籍，以及毛主席的著作，开始接触到辩证唯物论所指示一切事物发展的规律和历史唯物论所指示各种社会发展的规律。这对于我——一个小资产阶级出身的人——是怎样地惊奇喜悦，因为一个年已五十多岁的人，这才对于宇宙间一切事物的真理有了一知半解，自己觉得是非常幸运的一件事。

> 我一向是京剧的热诚爱好者，既然窥见了辩证唯物论和历史唯物论一点门径，就不免想到京戏的生长、演变和它的发展情况，正合于唯物论所指示的规律。一九五〇年七八月间，我已想写一篇用唯物主义来讲解京戏的文字，而总不敢率尔操觚，加以那时病体不支，实在也不能写稿，曾写了一封信，给北京的一位老友马彦祥先生，引证辩证法唯物论

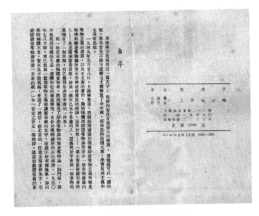

《京戏发展略史》版权页与自序

所讲"矛盾的统一"和"否定之否定"等规律，述说京戏应从旧的东西里吸取它的精华，以作戏改的基础。马先生回信说：他们对于戏改的方针，正是如此。这对我是一个很大的鼓励，使我对于写这篇东西有了信心和勇气。

然而由于当时的身体状况，"这篇东西"直至1951年的春天，其病情略有好转后，方在老友马彦祥及《大公报》总编辑王芸生的鼓励下，以专著《京戏发展略史》的形式完成。此中内情，在该书当年的自序中，他亦有详细介绍：

> 我能够力疾写出这一篇文字，假使内容没有犯很大的错误，还勉强可以一读的话，那我首先不能不感谢毛主席解放了全中国，使我也得追随大众，学习马列主义毛泽东思想。
>
> ……
>
> 今年三四月间，为了《大公报》上接连登载"中国的世界第一"很感兴趣，曾和王芸生先生一度函札往还，顺便同他说：我想写一篇《京戏发展略史》，不知道《大公报》是否需要？王先生回信说：望你写出，预备在《周末影剧》里发表。这又是对我一个很大的鼓励，于是好多年没有在报上写稿的人，终于把这篇粗疏浅陋的东西写出来了。
>
> 当《大公报》刊登第三节时，我又接到马（彦祥）的信说：他只看到了两节，他马上就要到四川去参加西南的土改工作，所以很希望将全文另印单行本。我将此事函告《大公报·周末影剧》编者先生。他也因为有些读者要求出单行本，所以决定照

办。于是我又将原稿酌予修订补充，再加上一些旧有的艺人照片，而出了这样一本小册子，这在我，当然又是一件非常荣幸的事，这都是马先生、王先生等鼓励我的一点效果。但是，我总觉得学习不够，深恐其中有不正确的地方，仍盼读者随时赐予指正，俾有进步，这是我所最感祷的。

这篇写于"上海解放两周年纪念日"的自序，应该说是将张厚载在上海新生后两年间的情况，交代得非常清楚了。从中人们可以明显地发现，在这两年内，他是非常自觉地认真阅读了马列和毛泽东的著作，并在反复思考的基础上，又将这些新理论新意识尽可能地运用到他厮守一生的京戏欣赏和研究中。如在全书篇首，他开宗明义便讲：

辩证法唯物主义，认为一切事物的发展过程，都是内在的前进的运动，由旧的质态，进到新的质态，由简单而发展到复杂。列宁更有一句名言："发展就是各对立方面之间的斗争。"京戏的发展，也正可以说明这些规律，因为扼要地说来，京戏是和它的对立方面的昆曲斗争而发展起来的。从昆曲推移到京戏，正是由旧的质态，进到新的质态一种内在的前进的运动。

而在全书篇末展望京戏的改革与发展时，他更是指出：

鉴往知来，我们当然更可以认识京戏前途发展的形势，也是一定要按照事物发展的规律，更将加速地向前推进，那末戏改这一件事，当然是目前第一重要的工作。

马克思说："一切的哲学家，都只是各色各样地解释世界，而对于我们，更重要的，是去改变世界。"（见胡绳《辩证法唯物论入门》）

毛主席说得更清楚："马克思主义的哲学，认为十分重要的问题，不在于懂得了客观世界的规律性，因而解释世界，而在于拿了这种对于客观规律性的认识，去能动地改造世界。"（见《实践论》）

由大更可以知小，我们既然都懂得了京戏发展的规律性，而把它解释出来，那末由认识而至于实践，当然要凭着这个规律，更进一步去改革京戏了。

　　在新政权领导的新社会下，文学艺术史的研究与撰著都要按照新的秩序来进行。如果说1951年9月北京开明书店推出的王瑶《中国新文学史稿》（上册），不仅是新中国首部现代文学史专著，而且还开了用新民主主义理论去撰写中国现代文学史之先河，并对此后中国现代文学史秩序的建立与形成起了"规范"作用的话，那么张厚载所写的这本新中国第一部京剧史，则是首创了运用马列主义和毛泽东思想去编写中国戏曲史的新模式，对后起者不但起了"示范"作用，而且也为此领域的研究确立了一种新的秩序。

　　步入了新时代，老朋友和新媒体也都没有忘记张厚载。那还是在1951年之初，当年的"梅党"同人，在上海曾有过一次聚会。从参加的人员来看，这应该是当时"梅党"核心人物最全也是他们最后的一次集体聚餐。对此，许姬传在记录梅兰芳的《舞台生活四十年》中，曾有详情披露：

　　　　一九五一年的一月，梅先生从北京回到上海。他离开上海好久了，这次回来又赶上春节，亲友间免不了有一番往返的酬酢；因此我们谈话的机会不多，直到正月初四的晚上，大家才在冯幼伟先生家里聚餐。在座一共八个人，跟梅先生认识在四十年以上的有冯幼伟、吴震修、李释戡、许伯明四位老先生；三十年以上的有张镨子先生、我跟弟弟源来三个人。这许多老友欢聚一堂，梅先生那天愉快极了。饭后，经这些老朋友帮着他回忆的结果，梅先生就把他在翊文社第一次演唱时装新戏的过程，很翔实地一口气说了几个钟点。忙得我弟兄二人，手不停挥地跟着写，真有点应接不暇呢。

参加这次聚会，张厚载是忍受着肾病的折磨前来的。其友人柳絮在当年3月曾于媒体撰文说，"今年上海有一次梅氏老友聚餐会。张亦在座，果然，则必是席不温而退的：因为张先生患的严重腰子病，每间五分钟必小溲一次。所以两年以来，非有要约，不出门限一步"。

据此可知，此时张厚载的病情虽得以控制，但后遗症还是相当痛苦的。每五分钟便要小便一次，这对他的身体和精神，都是一种折磨。但即使如此，他不但仍是坚持参加了这次在他看来确是"要约"的"梅党"聚会，而且在随后的日子，他还忍受着煎熬，拼力完成了《京戏发展略史》的写作和《歌舞春秋》的编辑工作。其对京剧的热爱，可谓有始有终，毕生不渝。

除了老朋友的惦念，此时刚刚创刊的新媒体也在报道他的情况。

作为上海解放后过渡性的小型报纸，《亦报》创刊于上海新生后的1949年7月25日。创办人为海上名报人唐云旌（大郎），社址在南京路慈淑大楼，报纸秉承上海小报长于关注街巷里弄日常生活的传统，分别报道了上海各阶层市民的状况。1951年三四月间，该报对张厚载的历史和近况便有过连续介绍。此中的主要部分曾被与张厚载在慈孝邨为邻的书法家黄葆戊编入《歌舞春秋》附录中。据其在书后跋语所云：

> 余于剧曲为门外汉，不加深究，乃近见《亦报》余苍、柳絮、杨华诸公，前后记载镠子事颇详，爰汇录于次，以告读者，可证余言之不为过也。

其中的第一篇为3月15日刊发的余苍之文《新青年谈屑（三）》。文章在回顾了张厚载当年与胡适等人激辩戏曲存废事件之后，称"张厚载即张镠子，闻尚在上海，他因林纾而被'北大'开革一事，颇有曲折，拟另以一文记之"。

第二篇《林纾与张厚载》刊于 3 月 23 日，作者仍是余苍。此文在替《荆生》与《妖梦》略作辩护，认为"林（琴南）先生似乎还不致无聊至此"后，写道："张厚载，即二十几年前以写旧剧批评得名的张豂子，江苏青浦人，他是林纾教授五城学堂时的学生，自被北大开革后，反而弄得大名全国皆知。林纾文集中有《送张生厚载出北大序》，就说明了他的除籍是受累于本人。此君对于梅兰芳的舞台艺术，鼓吹最早，是当时所谓'梅党'的中坚。似曾因冯幼伟的关系，在中国银行服务过，今年上海有一次梅氏老友聚餐会，张亦在座，近况不详。"

第三篇系署名柳絮者所写《记张豂子近况》，刊于 3 月 28 日。文章开篇便言，"二十三日本报余苍先生文中说起'近况不详'的张豂子，此老现寓新闸路慈孝邨，已久罢交游"。随即在介绍了张厚载患"腰子病"及"五分钟必小溲一次"后，又云：

> 此老为人很风趣，有一次舍弟去看他，开口第一句便说："我们有缘"。盖谓不但姓同，其笔名

又与青子只异一字也。（按柳絮先生之介弟为张青子先生）

　　镠子先生对戏曲很有研究，见解亦新，虽然两年不出大门，每天必看大小报四五种，故不害其思想的进步。如果不是这一种"小不便"的毛病背在身上，不得已而度其"市隐"生活，他是很可以为人民曲艺服务而有其成就的。

第四篇是刊于4月10日的《前辈京剧艺人的剧照》，据作者杨华披露：

　　不久前，本报上有人写到张镠子近况，说他如果不是身体健康太差，很可以为人民曲艺事业服务。据笔者所知，张先生虽因病闲居，对人民曲艺确是关心的，他手头藏有很多前代艺人剧照，一部份已经成为稀本绝版，外边完全看不到，如刘赶三、王楞仙、何桂山、罗百岁等人的都有。上月间，京剧研究院实验剧团来沪演出于天蟾舞台，其中有位导演樊放先生，是他十五年前在《立报》的同事，闻镠子病过访，他就把这套照片检出来，托樊放带京转给马彦祥先生。并希望马先生看了之后，转送艺术事业管理局。

前天，马先生已有复信给他道谢，并说此项戏照俟正在筹备期内的"戏曲博览会"成立后，即送去陈列。

张先生过去对这些已成孤本的剧照，藏莫如深；平常拿出来传观朋好，还怕各人的手汗粘污了照片中人的面目。这回因公割爱，不再留在书箱里给少数人欣赏，是他在新时代里的开明之处。

最后一篇是张厚载写给余苍之信的节录，刊于4月15日。据余苍自述，"镠子先生来信，述及一九一九年他在北大被开除的经过，他认为我上月所写《林纾与张厚载》一文，大体上是正确的"。在转述了张厚载自己回忆当年事件的全过程后，又写道：

镠子先生是最早期的评剧家，和他并时的人物，现存的，不过周剑云先生等极少数的几位而已。那时的所谓剧评，因过多置重于人员的扬抑，往往被人执与捧角家并列，社会上是不大重视的。但也有许多大处落墨的作者，为整个京剧利益着想，对于改进当时的剧制与剧艺，提出过不少的具体意见，也发生了一定的作用，不可一笔抹煞。（梅兰芳先生的《舞台生活四十年》，就不止一次的提到这些朋友们给予他的影响。）

欣逢盛世，病情刚见好转的张厚载可谓"不待扬鞭自奋蹄"。几乎与《京戏发展略史》的撰写同时，他又忍着顽疾带来的不适，将当年为《听歌想影录》编续集的想法付诸实践。但他没有沿着原有的编辑思路进行整理，据其自述，他是"摘取自民五至民廿四年间，京津各报所登偏重记事之作，分为上下两编，（上编，北京，自民五至民十三。下编，天津，自民十八至民廿四，）辑成一册，名之曰《歌舞春秋》"。

用此书名，应该是吸取了其父执金息侯在为《听歌想影录》题写书名时的建议，只不过因为此时他正在撰写《京戏发展略史》，故将金氏所言"国剧春秋"改为《歌舞春秋》，以规避两书书名在指代上的雷同之处。至于《歌舞春秋》的具体内容，他在该书自序中说，"大抵均有关歌台掌故，而京剧艺人当时之动态，与剧场兴革之陈迹，于此亦可窥见一斑"，其目的是希冀"他日倘或足供修剧史者之参考"。

《歌舞春秋》书前除许源来之序和作者自序外，尚有其交行老友李秩斋之序。据其云，抗战胜利后，"缪子与余后先南届，缪子病滞海滨，方衣食之不遑，剧事已如过眼烟云，不复论记。余则橐笔香港，地异人殊，亦久不事此，托迹严舍，夜窗独处，游神南北，结习未忘，因寓书津门，求缪子之书，将重读一过，以破岑寂。缪子忽走笔相告，将于续稿中，选其侧重记事者，辑成一册，名曰"歌舞春秋"，以余十年来为此书知音，嘱为一言"。

而此书能得以付梓，则有赖于张厚载近邻黄葆戊。1951年4月其在书后之跋中称，张氏"先有《听歌想影录》一书，风行甚久，为各界所欢迎，近又续编《歌舞春秋》，朋辈中怂恿为印行，因为介绍于广益书局"。

1951年是张厚载一生笔墨生涯的丰收年。

是年7月，7万余字的《歌舞春秋》由上海广益书局梓行，封面为梅兰芳题字和其主演的《霸王别姬》剧照。全书139页，分为上下两编，上编收入北京菊坛掌

上海广益书局1951年出版的
张厚载戏曲随笔集《歌舞春秋》

1951年10月上海大公报馆出
版的张厚载著作《京戏发展略史》
封面

故36篇，下编收入天津梨园故实28篇。而在涉及某位名角时，书中多加按语指出其近况。

对于此书价值，戏曲研究专家许源来在《序二》里说，张厚载"凡事力求核实，不尚空谈，其评剧亦必先悉心研讨，然后落笔。曾著《听歌想影录》一书，评骘平允，而所记某年某地，又皆凿然可据，足见其实事求是之一斑。今又有《歌舞春秋》之作，侧重记事，尤为歌场珍贵之史料……余与君相知有素，君于剧艺一道，探索甚勤奋，而论述甚谨严，为余所深知"。

而其老友李秩斋则在《序一》中云，"缪子先生，壮游北部，历观名家之作，不可胜数，凡有纪述，举国传诵，一字之褒，荣逾华衮，故并世论京剧者，莫不以缪子为坛坫也"。

可见此时张厚载已从当年的"梅党"中人变身为资深戏曲评论专家，其成果不仅得到业内嘉许，而且在社会上也产生了一定影响。

同年10月，《京戏发展略史》由上海大公报馆出版发行，全书约3.6万字，62页，分为"京戏构成的经过""京戏扩展的形势""京戏演变的概况""京戏意识的检讨""京戏艺术的估价""京戏改革的展望"六部分，加以阐述，封面照片为"一九三五年梅兰芳访问苏联，在红场谒列宁墓"。

关于该书特色，张厚载在"引言"中说："京戏（现在盛行的皮簧戏）从它的构成，一直发展到现在，有将近二百年的历史。这里想叙述一点它的经过和演变的具体情况，进而探讨它的内容意识和艺术组织，并且概括地说一说改革的管见。因体弱多病，思虑不周，加以参考资料手头又多欠缺，其中错误和疏漏的地方，在所难免；尚盼读者多加指示，不胜感幸。"

自1911年16岁避祸天津时，开始为报纸写剧评，经40年风雨飘摇，到1951年56岁时，以两部京剧史专著在上海杀青为封笔，张厚载就这样走完了自己的"粉墨"生涯。他也由最初的一个剧评人和"梅党"中坚，变身为中国戏曲史研究的拓荒者和京剧史写作第一人。

鉴于张厚载的经历和在戏曲艺术方面的造诣，1953年7月1日，他收到了陈毅市长签名颁发的上海市文史研究馆馆员聘书，这既是对他过往人生的认定，也是对他既有成果的肯定，当年得此聘书者，多为在某一领域表现突出且德才兼备的民主人士。

如火如荼的"戏改"运动取得了显著效果。继全国戏曲工作会议于1950年11月27日至12月10日在北京召开，大会要求全国35万戏曲工作者更进一步团结起来，共同推进戏曲改革工作、创造出新的优良的民族的大众的文艺形式之后，由中央人民政府文化部主办的第一届全国戏曲观摩演出大会，又于1952年10月6日至11月4日在北京举行。来自全国23个剧种的30多个表演团体的1600多名戏曲演员参加了会演。

闭幕式上，周恩来总理到会祝贺并从五个方面对戏改工作发表意见：（一）百花齐放，推陈出新；（二）普及

1952年10月6日至11月4日，中央人民政府文化部在首都北京举行第一届全国戏曲观摩演出大会，此为开幕式现场

与提高；（三）政治标准与艺术标准；（四）团结与改造；
（五）克服困难，迎接胜利。

正是在此等形势下，1955年，在文化部戏曲改进
局基础上成立的中国戏曲研究院又将其麾下的剧团、
学校独立，分别成立了国字号的中国京剧院和中国戏
曲学校。

此时已处于重病中的张厚载，看到自己痴迷钟爱一
生的京剧艺术在新的时代，能够如此蓬勃发展，可谓百
感交集。他既为自己当年极力辩护的旧戏能有如此新生
感到欣慰，又在心底里生出极大遗憾，因为此刻留给他
的时间已经不多了。

1955年张厚载在上海因病故去，享年60岁。

此时对当年与他打过笔仗的老师胡适的批判，正在
神州大地上进行得如火如荼。

后 记

　　2022年8月中旬，趁疫情防控形势稍显平稳，便与夫人开车带大病初愈的87岁老母亲去东戴河休养。那时刚刚看完六十余万字的《还珠楼主评传》校样，正为即将开工的《白羽评传》做准备。在如此"特殊"又是如此"繁忙"之际，能够"审时度势"地远赴海滨，一方面是为了让母亲换换环境尽快康复，一方面也是想借此机会让自己疲惫的身心稍作放松。

　　历时三年的《还珠楼主评传》写作，让我欠下了一堆文债。虽然年初书稿如期完成，但后面的修改、扫图、校对，以及此前应下的各种文章写作，仍是让我忙得不可开交，而且此起彼伏的病毒和各种形式的封控，更是令人惶恐与焦虑。因此，忙里偷闲驾车远行，做一次与大海的亲密接触，便成了这一年唯一的奢望。

我喜欢海，昼夜不息的涛声和波浪能使我忘掉一切，用母亲的话说，闻到海腥味我便兴奋，何况海滩、海鲜还是我的最爱。记得一年前退休时便盘算，每年必到海滨数次游。

岂料就在我刚刚仰望大海、让神思遐想给大脑"清盘"的第四日，天津师范大学王振良教授便来了"加急"电话，说此前我答应他的《戏痴》一书，已被列入山东画报出版社的一套丛书中，让我马上动笔，年底交稿。并不容辩解地"加注"道：别的活儿先放放，此书只要八万字，以你的积累和身体条件及写作速度，四个月足够！

放下电话，我一时无语。突如其来且不能通融的"任务"，令我"颠三倒四"。享受大海的心情此刻全无，波浪和涛声对我已是无动于衷，逐渐"清盘"的大脑又被各种"构思"塞满。此后的几日，虽然人在海边，大海照望，但神思遐想却变成了苦思冥想。

其实写作这本小书，是我早有的想法。所谓"戏痴"，便是"五四"前后与新文化运动风云人物展开戏曲论战的张厚载。对于此人，我已关注良久。2000年我在《纵横》杂志发表的《张厚载与现代中国文坛第一公案》、十几年前我出版的第一本书《旧人旧事旧小说》的首篇《他在"五四"爆发前夕被北京大学开除：中国现代文坛第一公案真相揭秘》，以及最新出版的《老天津的文坛往事》的首篇《被蔡元培"荐"到天津的张厚载》，都是希冀在重回历史现场的前提下，尽力去打捞这位中国新文学发生史上和中国现代戏曲发展史上的"被失踪者"。

因为作为中国现代文学和戏曲勃发之初重要且有"故事"的人物，张厚载不但被埋没得太久，而且还被人为地"反面化"。如2021年初播出的史诗巨制《觉醒年代》中的"坏学生"张丰载，便是以他为原型。尽管电视剧编剧、中共党史专家龙平平在接受访谈时亦讲，剧中虚构的人物有三个，"张丰载是唯一的坏人，这个人也是有历史原型的，叫张厚载，这个人其实不是个坏人，而是研究戏剧很有成就的人"。

正是基于以上原因，我曾有过为张厚载作传的想法，并将这种想法讲给了身边的文友。或是听者有心，前两年振良兄准备编一套"微天津丛书"，他找我点名要这部书稿。岂料就在我搜集史料并将书名定为"戏痴"之际，他又告我因为出版社，这套书搁浅了。于是我只能将此选题暂且搁置，而去忙乎我的老本行民国通俗小说作家的研究。但想不到的是，刚刚写完还珠，正欲开写白羽，他又突然旧事重提，不但字数有所要求，而且还要限期交稿，这岂不让我"猝不及备"。

在经过几天的"复盘"和掐指计算后，我渐渐有了底气。第一，史料大多已搜集在案；第二，四个月完成八万字时间尚可；第三，疫情防控期间各种会议、活动均停，没有旁骛没有干扰可以安心撰稿；第四，已答应出版社的《白羽评传》，时间宽松可以挤占。正是有了这番评估，我心稍安，在重新仰望大海享受海鲜几日后，便带着海腥带着任务驾车返回了天津。

9月的天津秋风送爽，在一个天高云淡的早上，我开始了这部小书的写作。

但仅仅半月，就遇到了难题。史料的钩稽与发现有时是环环相扣的，随着大量有价值的散佚文字不断在旧报旧刊中被发现，我原先设计的章节与容量已远远不敷涵盖张厚载的一生。从当时已掌握的资料看，不算评骘与论述，仅是传主生平，如要客观完整地呈现，保守说也要在十几万字以上。好在问题的发现已是解决的前奏，很快我便有了调整方案。既然不能逾越的八万字无法评述张厚载的完整一生，那我就紧紧围绕着传主三次"避祸"天津卫来写。余下的大量史料暂且封存，等此书交稿后，我再从从容容地写一部能完全展现传主人生并加以评骘的正儿八经的张厚载传，这也正是这本小书最终定名为"听歌想影：戏痴张厚载避祸津门"的由来。

主意已定，手下生风。因准备充分，八万字的小书很快便有了雏形，并终于在2022年12月10日"阳"了之前，初稿完成。恰在此时，接到了振良兄电话，告我交稿日期可拖延到明年春节后。突然间的通融，让我有了喘息时间。"阳"过七天后，我便开始了书稿的修改与图片扫描。此刻岁杪，写罢后记，可以说，我兑现了对振良兄的承诺，最终赶在今年之内，完成了这部"突如其来"的小书的所有工作。至于书前之序，那是振良的活儿，因为在写作之前，他也有过承诺。

最后感谢振良兄，感谢为写作此书提供资料的诸位朋友，感谢山东画报出版社，感谢此书的责编张欢女史，感谢我的家人。明天就是新的一年，新年应有新气象。按照计划，我将在2023年的首日，开始新书《张厚载传》的写作。我想，有了这本小书垫底，完成二十万字的新著，半年足矣。如此下来，既不耽误《白羽评传》的写作与交稿，又能增添新成果，几全其美，岂不乐哉。

　　　　　　倪斯霆记于津沽双牛堂

　　2022年12月31日（壬寅年腊八后一日）夜

　　此刻海河两岸鞭炮齐鸣烟花满天